A VIDA
NÃO É FÁCIL

Dados Internacionais de Catalogação na Publicação (CIP)
(Câmara Brasileira do Livro, SP, Brasil)

Setiya, Kieran
    A vida não é fácil : como a filosofia pode nos ajudar a encontrar nosso caminho / Kieran Setiya ; tradução de Salmer Borges. – Petrópolis, RJ : Vozes, 2024.

    Título original: Life is hard

    ISBN 978-85-326-6716-8

    1. Condição humana 2. Filosofia 3. Vida (Filosofia) I. Título.

24-196329   CDD-100

Índices para catálogo sistemático:

1. Filosofia   100

Eliane de Freitas Leite – Bibliotecária – CRB-8/8415

KIERAN SETIYA

A VIDA NÃO É FÁCIL

Tradução de Salmer Borges

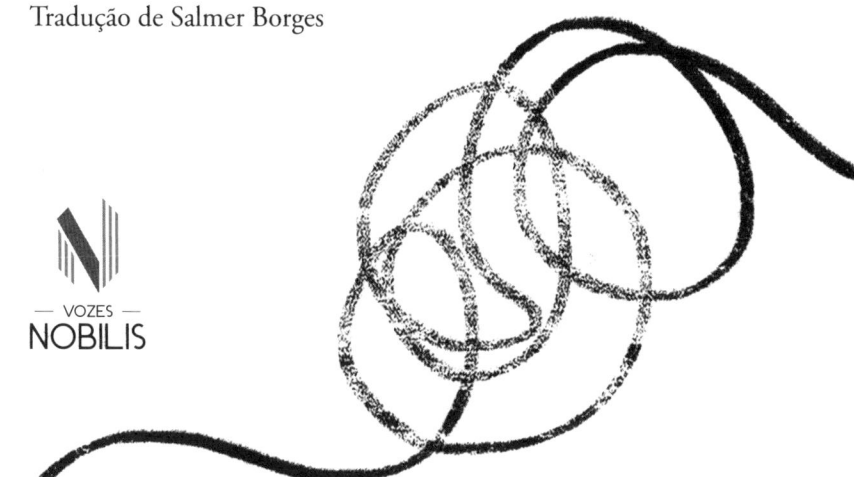

VOZES
NOBILIS

Tradução do original em inglês intitulado
Life is Hard – How Philosophy Can Help Us Find Our Way

Direitos de publicação em língua portuguesa – Brasil:
2024, Editora Vozes Ltda.
Rua Frei Luís, 100
25689-900 Petrópolis, RJ
www.vozes.com.br
Brasil

CONSELHO EDITORIAL

Diretor
Volney J. Berkenbrock

Editores
Aline dos Santos Carneiro
Edrian Josué Pasini
Marilac Loraine Oleniki
Welder Lancieri Marchini

Conselheiros
Elói Dionísio Piva
Francisco Morás
Gilberto Gonçalves Garcia
Ludovico Garmus
Teobaldo Heidemann

Secretário executivo
Leonardo A.R.T. dos Santos

PRODUÇÃO EDITORIAL

Aline L.R. de Barros
Marcelo Telles
Mirela de Oliveira
Otaviano M. Cunha
Rafael de Oliveira
Samuel Rezende
Vanessa Luz
Verônica M. Guedes

Conselho de projetos editoriais
Isabelle Theodora R.S. Martins
Luísa Ramos M. Lorenzi
Natália França
Priscilla A.F. Alves

Editoração: Mariana Perlati
Diagramação: Editora Vozes
Revisão gráfica: Nathália Pujol
Capa: Larissa Sugahara

ISBN 978-85-326-6716-8 (Brasil)
ISBN 978-05-935-821-0 (Estados Unidos)

Este livro foi composto e impresso pela Editora Vozes Ltda.

Sumário

Você me lembra alguém que olha por uma janela fechada e não consegue explicar a si mesmo os estranhos movimentos de um transeunte. Ele não sabe que tempestade está caindo lá fora ou que essa pessoa pode estar com dificuldade para se manter de pé[1].

Ludwig Wittgenstein

---

1. Citado por sua irmã em WITTGENSTEIN, H. My brother Ludwig. *In:* RHEES, R. (ed.). *Ludwig Wittgenstein:* Personal recollections. Oxford: Blackwell, 1981, p. 14-25.

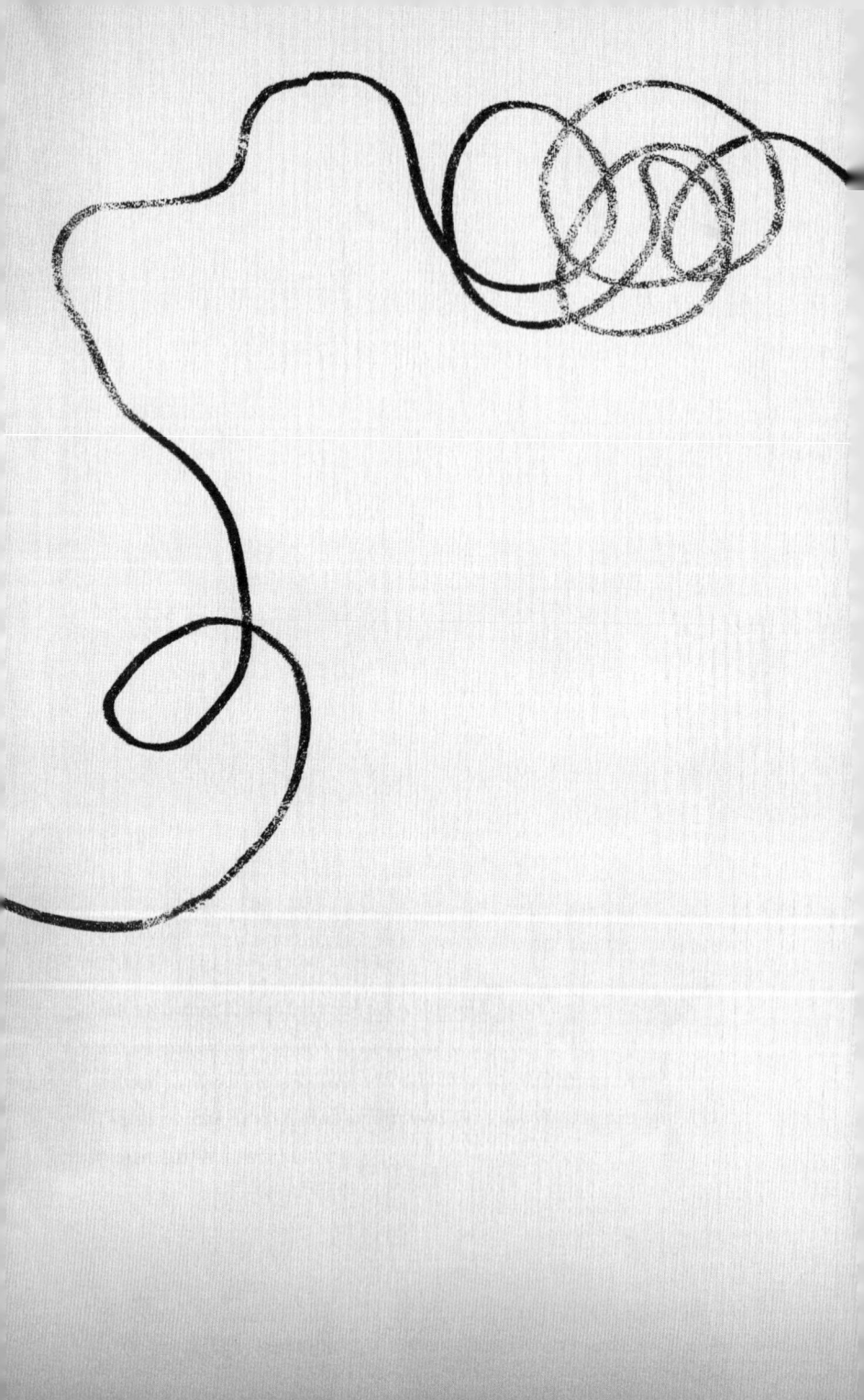

Prefácio

Este livro foi concebido antes da pandemia da covid-19. Foi escrito em uma fuga de concentração ao longo de dezoito meses, começando no verão de 2020, quando o mundo desmoronou ao meu redor. Sou um filósofo que escreve sobre a questão de como se viver, e as provações da vida nunca pareceram tão urgentes. Eu queria reconhecê-las.

Meu relacionamento com a adversidade mudou à medida que fui envelhecendo. As dificuldades chegam mais perto de casa hoje em dia, na minha própria vida e na vida das pessoas que amo. Luto, câncer, dor crônica, tudo isso muda a maneira como você vê o mundo. Quando eu era mais jovem, eu era mais indiferente. Eu precisava do lembrete na minha epígrafe – uma observação do filósofo Ludwig Wittgenstein para sua irmã Hermine – de que, muitas vezes, as pessoas sofrem de maneiras que não expressam. A dificuldade é constantemente escondida.

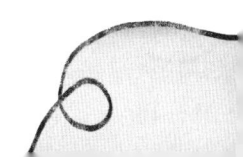

Minha relação com a filosofia também mudou. Quando adolescente, eu adorava as teorias abstratas dos metafísicos, sondava a estrutura básica da mente e do mundo. Para mim, a filosofia era uma fuga da vida cotidiana. Eu ainda admiro a filosofia em suas formas mais misteriosas e a defenderia perante qualquer pessoa. Uma sociedade que não apoia o estudo de questões sobre a realidade e nosso lugar nela – mesmo questões que a ciência não pode responder – é profundamente empobrecida.

Mas a filosofia é, e pode ser, mais do que isso. Estudar a disciplina é se tornar um artesão de argumentos, aprender a dissecar e a raciocinar por meio de problemas insolúveis. Foi isso que eu aprendi a fazer na faculdade, é o que venho ensinando com convicção há muitos anos. No entanto, com o tempo, eu passei a desejar uma filosofia que pudesse falar mais intimamente com a vida. Quando defendi minha tese na pós-graduação, o relatório dos examinadores foi em sua maioria positivo. Mas eu esqueci todas as coisas boas que ele continha. O que lembro é uma frase crucial: minhas ideias, alertaram os examinadores, não foram "testadas no cerne da experiência moral". Meus amigos e eu zombamos dessa observação. Mas eu a guardei comigo. A questão não era tanto que a experiência refutasse minhas teorias recém-nascidas, e sim que tais teorias estavam muito distantes da experiência prática.

Como seria uma filosofia que fosse testada no cerne da experiência moral? É uma pergunta intimidadora. A experiência de ninguém é ampla ou profunda o suficiente a ponto de representar a de todos. Nossa perspectiva é sempre limitada, com suas distorções únicas e seus pontos cegos. Mas pode haver uma filosofia que fale da própria vida, mesmo que se baseie em argumentos e experimentos mentais, teorias filosóficas e distinções. Isso confundiria as linhas entre o argumentativo e o ensaio pessoal, entre a disciplina da filosofia e a experiência vivida de alguém que encontra a filosofia à mão, uma ferramenta com a qual trabalhar diante das adversidades da vida. Isso nos levaria de volta ao significado original de "filosofia" – o amor pela sabedoria – e pela filosofia como um modo de vida.

Esse foi o espírito com o qual, em tempos difíceis, eu escrevi este livro.

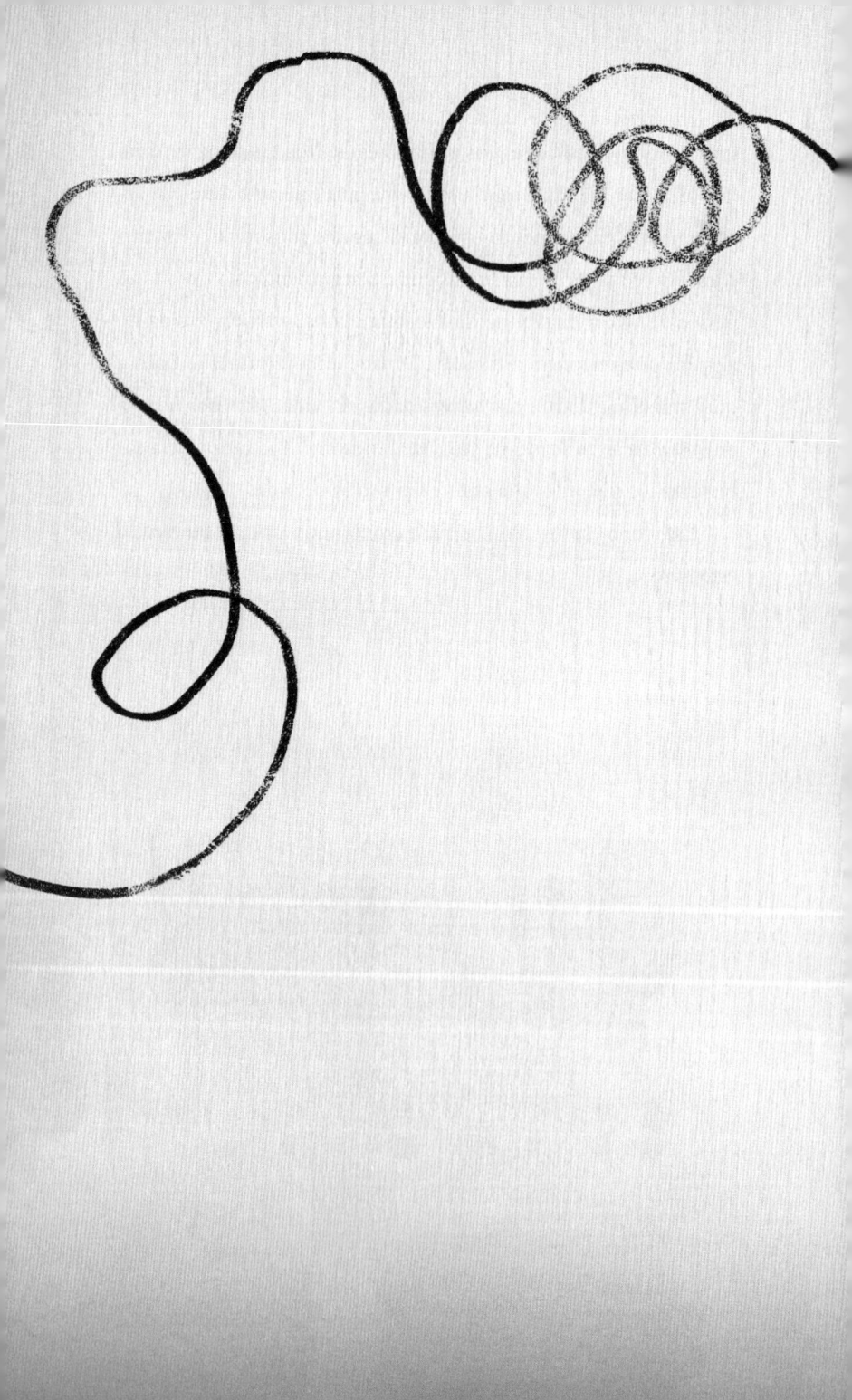

Introdução

A vida, amigos, é difícil, e devemos dizer isso[2]. É mais difícil para alguns do que para outros. Deve cair certa quantidade de chuva na vida de cada um, mas, enquanto os sortudos se secam ao lado do fogo, outros são encharcados por tempestades e inundações, tanto literal quanto figurativamente. Vivemos em meio a uma pandemia global e desemprego em massa, à catástrofe crescente das mudanças climáticas e ao renascimento do fascismo. Essas calamidades atingirão os pobres, os vulneráveis e os oprimidos de maneira desproporcional.

Minha própria sorte tem sido boa. Eu fui criado em Hull, uma cidade industrial no nordeste da Inglaterra que já passou por tempos melhores. Minha infância teve seus momentos

---

2. Com um pedido de desculpas a John Berryman, que, no seu *Dream song 14*, diz: "A vida, amigos, é chata. Não devemos dizer isso". BERRYMAN, J. *The dream songs*: Poems. Nova York: Farrar, Straus e Giroux, 1969, p. 16.

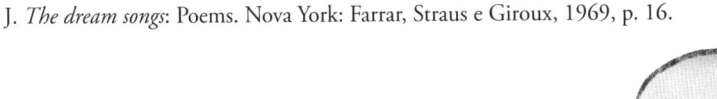

difíceis, mas eu me apaixonei pela filosofia[3], fui para Cambridge cursar a faculdade, depois me mudei para os Estados Unidos para fazer pós-graduação e fiquei. Sou professor de filosofia no Massachusetts Institute of Technology (MIT) protegido pela riqueza e pela estabilidade de uma instituição ilustre, embora excêntrica. Tenho uma casa, um casamento feliz e um filho mais sábio e corajoso do que eu jamais fui. Nunca passei fome ou fiquei desabrigado, não sou vítima de brutalidade ou guerra. Contudo, ninguém é imune, no final das contas, à doença, à solidão, ao fracasso, à dor.

Desde os 27 anos de idade eu sinto dores crônicas: persistentes, oscilantes, estranhas, uma fonte constante de distração sensorial. Isso pode dificultar a concentração e, às vezes, atrapalhar o sono. Por ser invisível, minha condição é isolante: quase ninguém sabe (contarei tudo sobre isso no capítulo 1). Aos 35 anos de idade, tive uma crise prematura de meia-idade[4]. A vida parecia repetitiva, vazia, apenas mais do mesmo: uma sequência de realizações e fracassos que se estendiam em direção ao futuro, até o declínio e a morte. Oito anos atrás, minha mãe foi diagnosticada com Alzheimer precoce. A memória dela variou por algum tempo e depois despencou repentinamente. Eu estou de luto por uma pessoa que ainda está viva.

---

3. Eu tracei meu caminho para a filosofia por meio do autor de terror/ficção científica H. P. Lovecraft, em SETIYA, K. Correspondence: revisiting H. P. Lovecraft. *The Yale Review*, v. 108, n. 3, p. 135-152, 2020. Publicado *online* como *Lovecraft and me*. Disponível em: https://yalereview.org/article/lovecraft-and-me

4. Passei a escrever um livro sobre a crise prematura de meia-idade: SETIYA, K. *Midlife*: a philosophical guide. Princeton: Princeton University Press, 2017.

Quando olho ao meu redor, vejo sofrimento em grande escala. Quando eu escrevi estas palavras, milhões de pessoas viviam em isolamento forçado, solitárias e desesperadas devido à pandemia da covid-19. Muitas perderam seus empregos ou não conseguiam pagar suas contas. Entes queridos estavam doentes ou morriam, havia uma epidemia de luto. A desigualdade era desenfreada e a democracia era frágil[5]. Outra tempestade está chegando, pois deixamos de prestar atenção ao alarme de incêndio do aquecimento global.

Então o que devemos fazer?

Não há cura para a condição humana. Mas, depois de vinte anos ensinando e estudando filosofia moral, eu acredito que esta obra possa ajudar. Este livro explica o que fazer.

Apesar do nome, "filosofia moral" é muito mais do que obrigação moral. Como Platão escreveu em *A república,* por volta de 375 a.C.: "O argumento não diz respeito a nenhum tópico comum, mas à maneira como devemos viver"[6]. A questão da filosofia moral é ampla, dirigida a tudo o que importa na vida. Os filósofos perguntam o que é bom para nós, que ambições devemos alimentar, que virtudes devemos cultivar ou admirar. Eles dão orientações e argumentos, formulam teorias por meio das quais viver. Existe um lado acadêmico nisso: os filósofos estudam questões abstratas e discutem os pontos de vista uns dos outros, trocam experimentos mentais que

5. Cf. PIKETTY, T. *Capital in the twenty-first century*. Cambridge: Harvard University Press, 2014. •APPLEBAUM, A. *Twilight of democracy*: the seductive lure of authoritarianism. Nova York: Doubleday, 2020.

6. COOPER, J. M. *et al.* (eds.). *Plato*: Complete works. Indianápolis: Hackett Publishing, 1997, p. 996.

tornam estranho aquilo que é familiar. No entanto, a filosofia moral tem um propósito prático. Durante grande parte da
história, não houve uma distinção clara entre ética filosófica e
"autoajuda"[7]. Acreditava-se que a reflexão filosófica sobre como
viver deveria tornar nossas próprias vidas melhores.

E eu concordo plenamente. Contudo, a aspiração de viver
bem tem abrangido um objetivo mais quixotesco: a melhor vida
ou a ideal. No livro de Platão *A república,* a justiça é imaginada
por meio de uma cidade-estado utópica, não como uma luta
contra a injustiça aqui e agora. Em *Ética a Nicômaco,* Aristóteles, aluno de Platão, almeja o bem maior (*Eudaimonia*), uma
vida que não é apenas boa o suficiente, mas também uma vida
que você deveria escolher se pudesse escolher alguma vida. Aristóteles pensava que devíamos imitar os deuses:

> Não devemos seguir aqueles que nos aconselham, como
> seres humanos, pensar em coisas humanas e, como mor-
> tais, em coisas mortais, mas devemos, tanto quanto pu-
> dermos, tornarmo-nos imortais e forçar todos os nervos
> do nosso corpo a viver de acordo com o que há de me-
> lhor em nós[8].

Sua resposta à questão de como viver é uma visão da vida
sem deficiência ou necessidade humana: se você preferir, é a versão dele do céu.

---

7. Cf. GARRETT, A. *Seventeenth century moral philosophy*: Self-help,
self-knowledge, and the Devil's Mountain. Oxford: Oxford University Press,
2013, p. 229-279.

8. BROWN, L. *Aristotle:* The Nicomachean ethics. Oxford: Oxford University Press, 2009, 1177b32-1178a2.

Com raras exceções, mesmo aqueles que têm uma visão um pouco mais reduzida tendem a teorizar a vida boa, não a ruim[9]. Eles se concentram no prazer, não na dor; no amor, não na perda; na realização, não no fracasso. Não faz muito tempo, o filósofo Shelly Kagan cunhou o termo "*ill-being*" (disforia) para "os elementos que causam mal-estar na vida de uma pessoa". Em "discussões típicas sobre bem-estar", ele observou, "a disforia é amplamente negligenciada"[10]. Existe uma afinidade aqui com o "poder do pensamento positivo"[11], que implora que não nos concentremos em provações e tribulações, e sim que sonhemos com a vida que queremos[12]. Até mesmo os antigos estoicos – filósofos explicitamente preocupados em como enfrentar as adversidades da vida – eram surpreendentemente otimistas. Eles acreditavam que podemos prosperar em quaisquer circunstâncias, que o bem-estar depende inteiramente de nós[13]. Em cada

9. Entre as exceções, está MACINTYRE, A. C. *Dependent rational animals*: Why human beings need the virtues. Chicago: Open Court Publishing, 1999: "Surge, portanto, a questão: que diferença faria para a filosofia moral se tratássemos os fatos da vulnerabilidade e da aflição e os fatos relacionados da dependência como centrais para a condição humana?"

10. KAGAN, S. An introduction to ill-being. *Oxford Studies in Normative Ethics*, v. 4, p.261-288, 2014.

11. Essa tendência é criticada em dois livros recentes: EHRENREICH, B. *Bright-sided:* How positive thinking is undermined America. Nova York: Metropolitan Books, 2009. •BURKEMAN, O. *The antidote*: Happiness for people who can't stand positive thinking. Nova York: Farrar, Straus e Giroux, 2012.

12. LAWRENCE, G. Aristotle and the ideal life. *The Philosophical Review*, v. 102, n. 1, p.1-34, 1993.

13. Cf. HARD, R.; GILL, C. *Epictetus*: Discourses, fragments, handbook. Oxford: Oxford University Press, 2014. •IRVINE, W. B. *A guide to the good life*: The ancient art of stoic joy. Oxford: Oxford University Press, 2008. •PIGLIUCCI, M. *How to be a stoic*: Using ancient philosophy to live a modern life. Nova York: Basic Books, 2017.

uma dessas concepções, as dificuldades são reprimidas à medida que buscamos o bem.

Uma premissa deste livro é que toda essa abordagem está errada. Não devemos dar as costas às dificuldades e o melhor geralmente está fora de alcance. Esforçar-se por isso só traz desânimo.

Você pode achar essa atitude perversa ou pessimista. Entretanto, não precisamos viver nossas "melhores vidas" com o propósito de sermos mais resilientes e temos que encarar os fatos. Talvez você tenha tido esta experiência: você conta a um amigo sobre um problema pelo qual está passando, talvez um acesso de fúria no trabalho, dificuldades em um relacionamento íntimo, um problema de saúde que o deixou abalado. Rapidamente, seus amigos tentam acalmar você: "Não se preocupe, vai ficar tudo bem!", ou logo dão conselhos. Contudo, a resposta deles não é consoladora e, em vez disso, parece uma negação: uma recusa em reconhecer o que você está passando. O que aprendemos em momentos como esses é que autossegurança e conselho podem funcionar como negação.

Ainda pior que a negação é o desejo de justificar o sofrimento humano. "Tudo acontece por um motivo", exceto pelo fato de que é claro que não. Os filósofos têm uma palavra, "teodiceia", para um argumento que vindica os caminhos de Deus para o homem. As teodiceias abordam o problema do mal: se Deus é onipotente e benevolente, o que explica tantos males do mundo? Todavia, a teodiceia tem vida própria[14], fora de con-

---

14. A filósofa Susan Neiman chegou ao ponto de reescrever a história da filosofia moderna como uma meditação sobre os fatos dos males naturais e morais. Cf. NEIMAN, S. *Evil in modern thought*: An alternative history of philosophy. Princeton: Princeton University Press, 2002.

textos estritamente teístas ou doutrinários. Religiosos ou não, invocamos o problema do mal sempre que protestamos contra algo que não deveria existir e apelamos a algo como a teodiceia quando dizemos que é o melhor.

O problema com a teodiceia não é apenas intelectual – nenhum dos argumentos funciona –, mas também ético. É errado justificar seu sofrimento ou o dos outros, silenciar a pena ou protestar dessa forma. Essa é a moral da teodiceia mais famosa de todas. No Livro de Jó, o anjo acusador exorta Deus a testar um "homem de perfeita integridade" matando seus filhos e suas filhas, destruindo sua propriedade, enchendo sua pele de furúnculos "do couro cabeludo à sola dos pés" para que ele fique se coçando com um caco de cerâmica[15]. Os amigos de Jó insistem em que ele deve merecer seu destino, uma punição por algum pecado enigmático. Deus os condena "porque [eles] não falaram a verdade sobre mim"[16]. Enquanto isso, Jó jura inocência. Embora o livro termine com o que pode parecer redenção, Deus devolve os bens de Jó duas vezes: "quatorze mil ovelhas, seis mil camelos, mil juntas de bois e mil burros"[16], junto com sete filhos novinhos em folha e três novas filhas – a teodiceia cai por terra. É uma farsa pensar que essas substituições poderiam recompensar a perda dos primeiros filhos de Jó.

O que deveríamos extrair do Livro de Jó não é que a virtude é recompensada no fim, e sim que os amigos de Jó erraram ao

---

15. MITCHELL, S. *The book of Job.* São Francisco: North Point Press, 1987, p. 6-8.

16. *Ibid.*, p. 91.

inventar desculpas para sua miséria e que foi Jó quem disse a verdade: não merecemos sofrer como sofremos. Não estou dizendo que Deus não existe, embora eu mesmo não acredite em nenhum. Estou dizendo que, se a existência de Deus pode ser conciliada com a persistência e a onipresença das dificuldades na vida humana, a reconciliação não deve amenizar ou negar a fúria da compaixão por nós mesmos e pelos outros.

Então, aqui é onde estamos: somos herdeiros de uma tradição que nos incentiva a focar no melhor da vida, mas dolorosamente conscientes das dificuldades da vida. Abrir os olhos significa ficar cara a cara com o sofrimento – a enfermidade, a solidão, a dor, o fracasso, a injustiça, o absurdismo. Não devemos piscar, em vez disso, devemos olhar mais de perto. O que precisamos na nossa aflição é reconhecimento.

Esse é o estímulo por trás deste livro. É um mapa para navegar em terrenos acidentados, um manual de dificuldades, de traumas pessoais às injustiças e aos absurdos do mundo. Seus capítulos apresentam argumentos, às vezes encontrando falhas em filósofos do passado, mas a reflexão que encorajam tem tanto a ver com enfrentar as adversidades quanto com discutir sobre elas. Como a romancista e filósofa Iris Murdoch escreveu: "Só posso escolher dentro do mundo que posso ver, no sentido moral de 'ver' [que incita] a imaginação moral e o esforço moral"[17]. É mais a descrição que o argumento que nos orienta para a vida, que nos diz como nos sentirmos e o que fazer. Dá trabalho descrever o que realmente está lá. Aqui a filosofia é

---

17. MURDOCH, I. *The sovereignty of good*. Londres: Routledge, 1970, p. 35-36.

contínua com a literatura, a história, as memórias, as narrativas. Vou aproveitar tudo o que tenho.

Antes eu disse que a filosofia moral e a autoajuda estão interligadas há muito tempo. Este livro deve algo a essa história. Refletir sobre as mazelas da condição humana pode amenizar seus danos e nos ajudar a levar vidas mais significativas. Entretanto, este não é um livro de autoajuda, no sentido de sugerir "cinco dicas para superar a dor" ou "como ter sucesso sem sequer tentar". Não é a aplicação de uma teoria abstrata, ou das doutrinas de algum filósofo já falecido, às dificuldades da vida. Nenhum pensamento mágico, nenhuma solução rápida; em vez disso, o paciente trabalho de consolação. Citando o poeta Robert Frost, quando se trata do sofrimento humano, "não há saída senão encará-lo"[18].

Dois entendimentos iluminam o caminho. O primeiro é que ser feliz não é o mesmo que viver bem. Se você quer ser feliz, remoer as adversidades pode, ou não, ser útil, mas a mera felicidade não deveria ser seu objetivo. A felicidade é um estado de espírito ou sentimento, um estado subjetivo; você pode ser feliz enquanto vive uma mentira. Considere esta situação: Maya está inconscientemente submersa em um fluido de sustentação, com eletrodos conectados a seu cérebro, sendo alimentada todos os dias com um fluxo de consciência que simula uma vida ideal[19]. Maya está feliz, mas sua vida não vai

---

18. FROST, R. *A servant to servants*: Complete poems of Robert Frost. Nova York: Holt, Rinehart e Winston, 1964, p. 83.

19. O caso do Maya é inspirado em *Experience machine,* de Robert Nozick. Cf. NOZICK, R. *Anarchy, state, and utopia*. Cambridge: Harvard University Press, 1974, p. 42-45.

nada bem. Ela não faz a maior parte do que pensa que faz, não sabe a maior parte do que pensa que sabe e não interage com ninguém nem com nada além da máquina. Você não desejaria isso para alguém que você ama: ficar preso em um tanque, sozinho para sempre, enganado.

A verdade é que não devemos ter como objetivo ser felizes, e sim viver da melhor forma que pudermos. Como o filósofo Friedrich Nietzsche brincou: "A humanidade *não* luta pela felicidade, apenas os ingleses"[20], uma provocação a pensadores como Jeremy Bentham e John Stuart Mill, que valorizam apenas o prazer em detrimento da dor. Não estou dizendo que devemos nos esforçar para sermos infelizes ou indiferentes à felicidade, mas a vida não se limita a isso. Nossa tarefa é enfrentar as adversidades da melhor maneira possível, e aqui a verdade é a única saída. Temos que viver no mundo como ele é, e não no mundo como gostaríamos que fosse.

A segunda luz orientadora é que, ao viver bem, não podemos separar a justiça do interesse próprio ou nos afastarmos dos outros. À medida que o livro avançar, vamos descobrir que mesmo as preocupações mais remotas – o próprio sofrimento, a solidão, as frustrações – são implicitamente morais. Elas coexistem com a compaixão, com o valor da vida humana, com ideologias de fracasso e sucesso que ofuscam a injustiça. Refletir com sinceridade sobre as aflições das nossas próprias vidas nos leva a nos preocuparmos com os outros, e não à autoestima narcisista.

20. NIETZSCHE, F. *Twilight of the idols* (1889). Indianápolis: Hackett Publishing, 1997, p. 6.

Não vamos exagerar. Em *A república,* de Platão, Sócrates descreve um homem justo despojado de sua reputação, falsamente acusado e processado, "chicoteado, torturado, acorrentado [e] cegado com fogo"[21], mas que fazia a coisa certa o tempo todo. Para Platão, a vida deste homem vai bem. Aristóteles discorda sensatamente. Uma coisa é agir conforme se deve, fazer a coisa certa – Aristóteles chama isso de *eupraxia* –, outra é viver o tipo de vida que você deveria querer viver. A vítima de Platão consegue o primeiro, mas não o segundo. O homem faz o que é certo; no entanto, não deveríamos querer viver como ele, em condições nas quais fazer o que é certo acarreta custos terríveis.

A falha na visão de Aristóteles não é que ele faça essa distinção, o que faz todo o sentido, mas que se concentre na vida em que você deveria querer viver, se é que você pudesse viver alguma vida, e não na gama realista de vidas suficientemente boas. Viver bem, no sentido que norteia este livro, significa lidar com as dificuldades da vida e, ao mesmo tempo, procurar coisas nela que valham a pena desejar. A filosofia não pode prometer a felicidade ou uma vida ideal, mas pode ajudar a aliviar o peso do sofrimento humano. Começaremos com as fragilidades do corpo, passaremos pelo amor, pela perda, pela estrutura da sociedade e terminaremos com "todo o cosmos residual"[22]. Alerta de *spoiler*: se você quer saber qual é o sentido da vida, a resposta está no capítulo 6.

---

21. COOPER, J. M. *et al.* (eds.). *Plato*: Complete works. Indianápolis: Hackett Publishing, 1997, p. 1.002.

22. JAMES, W. *The varieties of religious experience*: A study in human nature. Oxford: Oxford University Press, 2012, p. 35.

O capítulo 1 fala de algo menos exaltado: o impacto da incapacidade física e da dor. Explicarei como os efeitos nocivos da incapacidade – e das incapacidades crescentes derivadas do envelhecimento – são comumente mal concebidos. Tal como argumentaram os ativistas, apesar do preconceito e das adaptações precárias, a incapacidade física não precisa tornar a vida pior. Sua visão é obscurecida pelas fantasias da vida ideal de Aristóteles, uma vida na qual nada falta. No entanto, esse ideal é incoerente, e os ativistas têm razão. Quando passamos da incapacidade para a dor, a filosofia tem limites: não é um anestésico, mas pode nos ajudar a entender por que a dor é ruim, uma questão muito mais complexa do que parece.

Há consolo para aqueles que sofrem, e um ponto de apoio para a compaixão, ao expressar e reconhecer seus danos.

Juntamente com a dor física, existe a dor psíquica do isolamento, da perda e do fracasso. Confrontando a solidão, no capítulo 2, delinearemos a necessidade da sociedade desde o problema do solipsismo – a visão de que apenas o *eu* existe – até a ideia de que os seres humanos são animais sociais. Descobriremos que o dano da solidão depende do valor da amizade, que, por sua vez, depende do valor das outras pessoas. Ao registrar esse valor, o amor está associado à compaixão e ao respeito. É por isso que atender às necessidades dos outros alivia a solidão.

O lado mais sombrio da amizade e do amor é a vulnerabilidade ao sofrimento. No capítulo 3, exploraremos as dimensões da perda desde o fim de um relacionamento. Escreverei sobre um rompimento doloroso, até o fim da vida humana. Veremos como o amor justifica o sofrimento para que a infelicidade faça parte do conceito de viver bem. O capítulo termina com um quebra-cabeça que é tanto emocional quanto filosófico. Se a morte de um ente querido é motivo de luto, esse é um fato permanente. Isso nunca vai passar. Então, deveríamos sofrer para sempre? Vou traçar os limites da razão ao lidar com a tristeza e mostrar como a experiência do luto pode alcançar o que a razão não consegue.

O capítulo 4 trata do fracasso pessoal. Aqui passaremos um tempo com budistas furiosos, o Príncipe Myshkin, do livro *O idiota*, de Dostoiévski, e o ex-jogador de beisebol Ralph Branca. Argumentarei que a atração da unidade narrativa é o que nos torna "vencedores" e "perdedores". Deveríamos resistir aos seus encantos, recusarmo-nos a narrar nossas vidas de forma simples e linear, ou a valorizar o projeto em detrimento do processo. Mas, novamente, há limites para o raciocínio. As mudanças de orientação que eu proponho não são do tipo que podemos fazer apenas por decisão. Temos que trabalhar em nós mesmos e lutar contra a ideologia que mensura a vida humana pelo que ela é capaz de alcançar, uma escala que tolera desigualdades grotescas de riqueza e posição social.

Portanto, existe uma ponte entre o fracasso em nossas próprias vidas e as questões de injustiça que são abordadas no último terço do livro. No capítulo 5, avaliaremos a máxima do crítico John Berger de que "nesta terra não existe felicidade sem anseio por justiça"[23]. Com base em *A república*, de Platão, e nos filósofos Theodor Adorno e Simone Weil, eu argumentarei que, embora os injustos possam ser felizes, eles não vivem bem. Essa não

23. BERGER, J. *Hold everything dear:* Dispatches on survival and resistance. Nova York: Vintage, 2007, p. 102.

é a conclusão de alguma prova esotérica, mas algo que aprendemos ao "ler" o mundo[24] que nos cerca e ao lidar com as aflições em nossas próprias vidas e nas dos outros. Portanto, a primeira parte deste livro atende a um propósito moral, pois nos ajuda a lidar com o sofrimento humano em um nível íntimo para que possamos compreender seu significado em termos gerais. O capítulo termina com nossa responsabilidade pela justiça e com o bem que fazemos ao darmos mesmo que seja um pequeno passo nessa direção.

Os capítulos finais olham para o universo como um todo e para o futuro da humanidade. Explicarei como a justiça pode dar sentido à vida humana e como esse sentido depende de nós. Aqui, questões existenciais incoerentes se chocam com as alterações climáticas: com a urgência da ação e o fardo da ansiedade. Terminaremos com esperança, questionando como ela conquistou um lugar entre os males da vida aprisionados na caixa de Pandora. Ao confrontar minha própria ambivalência, encontrarei um uso para a esperança.

Em última análise, este livro tem como propósito tirar o melhor proveito de uma situação ruim: a condição humana. Ofereço orientação na adversidade, desde como lidar com a dor até sobre como fazer novos amigos, desde o luto pela perda de entes queridos até o fracasso com benevolência, desde os deveres da injustiça até a busca pelo sentido da vida. Não existe uma fórmula simples para como viver. O que eu ofereço, em vez disso, são histórias, imagens e ideias – algumas emprestadas,

24. WEIL, S. Essay on the concept of reading. *In:* WEIL, S. *Late Philosophical Writings*. South Bend: University of Notre Dame Press, 2015, p. 21-28.

outras, de minha autoria –, bem como a aspiração de encarar, da forma mais franca e humana possível, os problemas do dia a dia, aprendendo com tudo aquilo que me deparo. A filosofia não é especulação inútil ou uma máquina construída apenas por argumentos. Se você examinar as páginas a seguir, encontrará trechos de argumentos e muito mais, tudo com palavras que visam a retratar a condição humana de maneiras que direcionam o desejo. Isso não significa menosprezar o raciocínio abstrato, mas os filósofos também têm sentimentos.

Na introdução de seu livro *Moral: uma introdução à ética*, o filósofo britânico Bernard Williams incluiu uma observação da qual me lembro frequentemente. "Escrever sobre filosofia moral deveria ser um negócio arriscado", ele advertiu,

> não apenas pelas razões inerentes a escrever sobre qualquer assunto difícil, ou escrever sobre qualquer coisa, mas por duas razões especiais. A primeira é que é provável que revele as limitações e as inadequações das próprias percepções de forma mais direta do que, pelo menos, em outras partes da filosofia. A segunda é que alguém poderia correr o risco, se fosse levado a sério, de enganar as pessoas sobre assuntos importantes[25].

Ele está certo, eu acho, mas as alternativas são piores: impessoalidade e trivialidades. Os filósofos que abordam a condição humana são obrigados a se revelar ao descrever o mundo. Imagino que isso também valha para mim ao escrever este livro, embora, quando digo que estou com medo, quero dizer: eu espero.

25. WILLIAMS, B. *Morality*: An introduction to ethics. Cambridge: Cambridge University Press, 1972, p. 17.

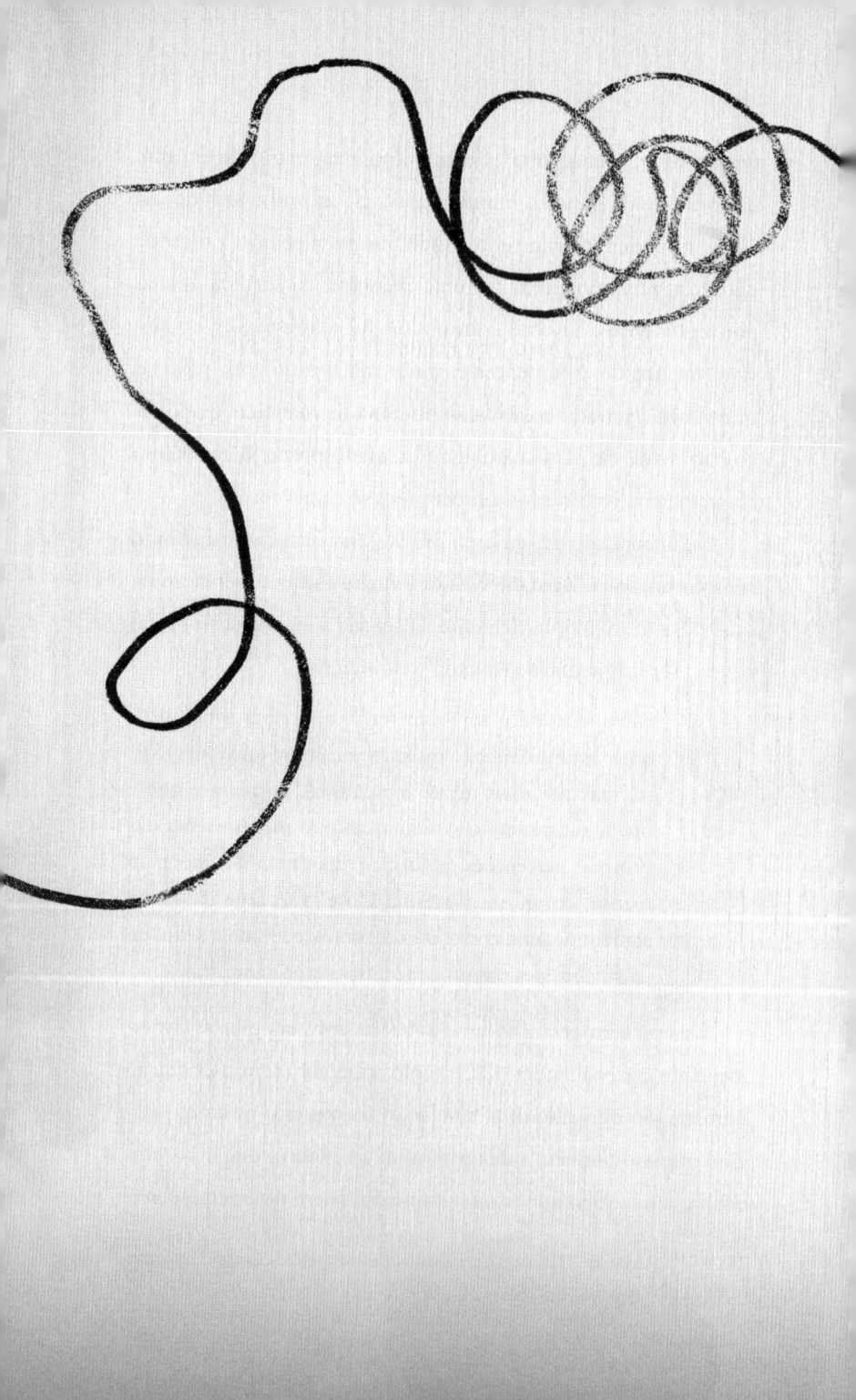

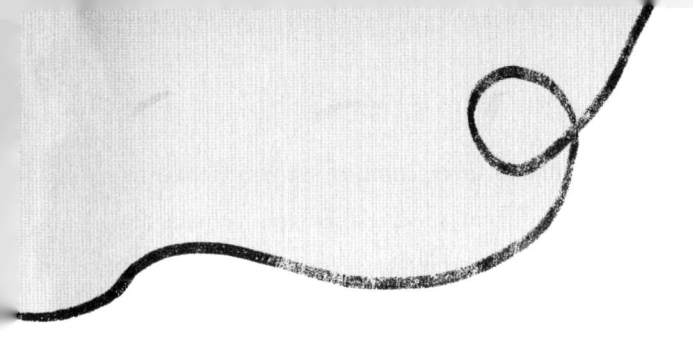

1
Enfermidade

Você nunca esquece a primeira vez em que um médico desiste: quando ele diz que não sabe o que fazer – não há mais exames que possa fazer, nenhum tratamento para oferecer – e que você está sozinho. Isso aconteceu comigo aos 27 anos, quando sofria de dores crônicas, mas acontecerá com muitos de nós em algum momento, com condições que podem ser incapacitantes ou até mesmo fatais. A vulnerabilidade dos corpos é inerente à condição humana.

Não lembro que filme fomos ver, mas lembro que estávamos no The Oaks, um antigo cinema nos arredores de Pitsburgo, quando senti uma dor na lateral do corpo seguida por uma necessidade urgente de urinar. Depois de correr para o banheiro, eu me senti melhor, mas com uma tensão percorrendo minha virilha. Com o passar das horas, a dor se transformou em vontade de urinar, de novo, o que me acordou entre uma e duas

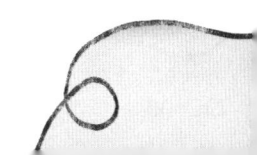

da manhã. Fui ao banheiro, mas, como se estivesse tendo um pesadelo, urinar não fez diferença. Aquela sensação permaneceu, insensível à resposta do meu corpo. Passei uma noite de insônia alucinatória esparramado no chão do banheiro, fazendo xixi de vez em quando, em uma tentativa vã de adiar o alarme somático.

O dia seguinte começou de maneira sensata, com uma visita ao meu médico de cuidados primários, que adivinhou que eu tinha uma infecção urinária e prescreveu um tratamento com antibióticos. Mas o exame deu negativo, assim como os exames para condições mais graves. A dor não diminuía. Desse ponto em diante, a linha do tempo fica nebulosa. Minha memória é fraca e a burocracia médica derrotou qualquer tentativa de transferir meus prontuários médicos de Pitsburgo para o MIT quando me mudei, 11 anos depois.

No entanto, não esquecerei os episódios principais. Primeiro, um exame de urodinâmica. Introduziram um catéter em mim, mandaram-me beber um líquido estranho de uma jarra e urinar em uma máquina que media a frequência, o fluxo e a função da urina. Tudo normal. Segundo, uma cistoscopia, na qual um urologista, aparentemente adolescente, introduziu um cistoscópio antiquado pela minha uretra, como uma antena telescópica de rádio, o que me causava uma dor alucinante. Certamente, parecia que algo estava errado, mas o laudo foi novamente negativo: nada de interesse clínico, nenhuma lesão visível ou infecção na bexiga ou ao longo do trato urinário. Deve ter sido uma manhã movimentada na clínica, pois o médico e a enfermeira se esqueceram de mim logo após o resultado negativo. Então, troquei de roupa e saí, mancando desajeitadamente, pela Forbes Avenue de volta ao ridículo arranha-céu gótico em que trabalhava, o pênis túrgido da Catedral do Aprendizado de Pitsburgo pairando sobre mim enquanto o sangue pingava da minha cueca.

A consulta final em Pitsburgo foi com outro urologista. Naquele ponto, eu estava me acostumando com o que chamava de "meus sintomas", pois conseguia dormir apesar do desconforto. Eu estava vivendo minha vida, mais ou menos, com o zumbido da dor como ruído de fundo. O urologista me aconselhou a continuar assim. "Eu não tenho nenhuma explicação para essa sensação", disse ele. "Não parece haver uma causa definida. Infelizmente, isso não é incomum. Tente ignorar, se conseguir". Ele me prescreveu Neurontin em baixas doses, um anticonvulsivante e analgésico para os nervos, para me ajudar a dormir, e me mandou embora. Ainda não tenho certeza se o medicamento era um placebo. Pareceu ajudar, mas parei de tomar, sem efeitos perceptíveis, alguns anos depois.

E foi assim por cerca de 13 anos. Sem diagnóstico, sem tratamento. Eu ignorei a dor enquanto pude e me entreguei ao trabalho, suportando, angustiado, crises que dizimariam meu sono, junto com minha vida diária, de vez em quando. Enquanto isso, o resto da minha família tinha suas próprias dificuldades. Em 2008, a mãe da minha esposa foi diagnosticada com câncer de ovário em estágio III. Minha sogra é a escritora e crítica Susan Gubar, que, com Sandra Gilbert, escreveu *The madwoman in the attic* [A louca no sótão], um clássico feminista que questionava: "A caneta é um pênis metafórico?"[26]. Uma força da natureza, ela metabolizou sua doença por meio da escrita, descrevendo, com brutal precisão, a tortuosa cirurgia de ressecção para remover os tumores mais visíveis, seguida de quimioterapia, a dolorosa inserção de drenos que não foi capaz de aliviar uma infecção pós-operatória e sua subsequente ileostomia. Em seu livro *Memoir of a debulked woman* [Memórias de uma mulher resseccionada][27], ela cita escritores e artistas que lutaram contra doenças, incluindo um aceno a Virginia Woolf, que censurou o silêncio da literatura sobre o assunto em seu ensaio *On being ill* [Sobre estar doente][28]. A própria Woolf era decorosa por natureza: "Ela pode muito bem não ter tido intestinos, apesar de todas as evidências disso em seu livro", queixou-se a romancista Hilary Mantel, relatando sua própria cirurgia brutal em *Meeting the Devil* [Encontro com o diabo][29]. O livro de Susan retifica a omissão de Woolf com descrições francas de sua luta para defecar após a cirurgia de ressecção que removeu mais de 30cm de seu intestino, seu medo de se sujar em público, o "leito

26. GILBERT, S. M.; GUBAR, S. *The madwoman in the attic*: The woman writer and the nineteenth-century literary imagination. New Haven: Yale University Press, 1979, p. 3.

27. GUBAR, S. *Memoir of a debulked woman*: enduring ovarian cancer. Nova York: Norton, 2012.

28. WOOLF, V. On being ill. *In:* ELIOT, T. S. *The New Criterion*. Londres: Faber & Faber, 1926, p. 32-45.

29. MANTEL, H. Diary: Meeting the devil. *London Rev. Books*, v. 32, n. 21, p. 41-42, 2010.

de dor"[30] ao qual esteve presa por 17 dias enquanto os drenos falhavam em fazer seu trabalho, os excrementos que escorriam do orifício da sua ostomia e as deficiências persistentes do câncer e de seu tratamento. "Mais de meio ano após a última quimioterapia", escreveu ela, "meus pés ainda estavam mortos, e eu não conseguia ficar de pé por mais de alguns minutos sem sentir dores e fadiga"[31]. Apesar disso tudo, ela sobreviveu, contra todas as probabilidades, graças a um ensaio clínico com um medicamento que deu certo, quando uma terceira rodada de quimioterapia não funcionou.

Enquanto isso, descobriram que sua filha, minha esposa, Marah, tinha um cisto dermoide no ovário esquerdo – "dermoide" significa o tipo de cisto que pode fazer crescer dentes e cabelos – que teve que ser removido cirurgicamente. Ela apresenta alto risco de ter câncer de mama e de ovário, pois herdou de sua mãe uma mutação no gene BRCA2, e é regularmente submetida a exames. Meu sogro sobreviveu a uma cirurgia de coração aberto e, na Inglaterra, minha mãe foi diagnosticada com Alzheimer precoce.

Eu documento essas provações não porque tenhamos sido afetados de maneira incomum – uma família de Jós –, mas porque tenho certeza de que não fomos. Todos nós enfrentamos doenças e incapacidades transitórias e todo mundo conhece alguém com câncer, doença cardíaca, dor crônica. Durante a

---

30. GUBAR, S. *Memoir of a debulked woman*: enduring ovarian cancer. Nova York: Norton, 2012, p. 143.

31. *Ibid.*, p. 243.

pandemia da covid-19, todos nós tivemos amigos e parentes que sofreram ou morreram, muitas vezes, em isolamento. A fragilidade da saúde e de tudo o que depende dela é impossível de ignorar. Mesmo os mais fortes estão fadados ao envelhecimento, e suas capacidades a desaparecerem à medida que abandonam o grupo demográfico outrora apelidado pelos ativistas da deficiência de "os temporariamente aptos"; a deficiência deve ser importante para qualquer pessoa que espera envelhecer. Uma abordagem não ideal da vida não espera que esses fatos desapareçam, deixando o corpo para trás. Em vez disso, questiona como deveríamos viver com nossos corpos defeituosos.

UMA DAS LIÇÕES MAIS BÁSICAS de um dos trabalhos recentes na filosofia da medicina é a necessidade de tomar cuidado com as palavras. Começando com a ideia de que saúde é o bom funcionamento do corpo e de suas partes, um consenso emergente contrasta *doença,* uma categoria de mau funcionamento[32], com *enfermidade,* que é o impacto negativo da doença na experiência vivida. A doença é biológica; a enfermidade é, pelo menos em parte, "fenomenológica", uma questão de como a vida é sentida. É, como dizem os filósofos, "contingencial" se a doença piora ou não a vida. Em geral, o quão bem você consegue viver quando seu corpo funciona mal depende dos efeitos, que são mediados em todos os lugares pela sorte e pelas circunstâncias sociais. Se você tiver acesso gratuito a medicamentos, uma doença grave,

---

32. BOORSE, C. On the distinction between disease and illness. *Philosophy & Public Affairs*, v. 5, n. 1, p. 49-68, 1975, modificado por CAREL, H. *Phenomenology of illness.* Oxford: Oxford University Press, 2016, p. 17.

como diabetes tipo 1, pode não representar muitos problemas, porém, se você não tiver acesso a serviços de saúde, uma pequena infecção ou uma disenteria pode matá-lo. O resultado é que as enfermidades são distribuídas de forma ainda mais desigual do que as doenças, seguindo linhas de riqueza, raça e nacionalidade.

As questões são ainda mais sutis no caso da incapacidade, tanto no longo prazo quanto em seu aumento, devido ao envelhecimento. Nas últimas décadas, os teóricos da incapacidade têm defendido uma compreensão social do que significa ser "fisicamente incapacitado". Dessa forma, em *Extraordinary bodies* [Órgãos extraordinários], a crítica Rosemarie Garland-Thomson pretendia "transferir a incapacidade do campo da medicina para o campo das minorias políticas"[33]. Foi o trabalho dessas minorias que levou à aprovação da Lei dos Americanos com Incapacidade nos Estados Unidos e da Lei de Discriminação da Incapacidade no Reino Unido.

Demorou algum tempo para que essas ideias migrassem para meu canto da filosofia, mas, em um livro da filósofa Elizabeth Barnes, ela concorda: "Ter incapacidade física não significa ter um corpo defeituoso, mas um corpo minoritário"[34].

---

33. GARLAND-THOMSON, R. *Extraordinary bodies*: figuring physical disability in American literature and culture. Nova York: Columbia University Press, 1997, p. 6.

34. BARNES, E. *The minority body:* a theory of disability. Oxford: Oxford University Press, 2016, p. 1. Assim como Barnes, eu me concentro no corpo: as deficiências cognitiva e psicológica levantam complicações que não posso abordar aqui. Sobre isso, cf. p. 3 da mesma obra. Cf. tb. BARNES, E. Replies to commentators. *Philosophy and Phenomenological Research*, v. 100, n. 1, p. 232-243, 2020.

Garland-Thomson e Barnes não concordam em tudo, divergindo quanto à natureza ou à "metafísica" da deficiência[35]. Contudo, é consenso entre elas, bem como entre muitos teóricos e ativistas da incapacidade, que, quando superados o preconceito e as adaptações precárias, a incapacidade física geralmente não piora a vida. Assim como ser *gay* em uma cultura homofóbica, ter alguma incapacidade pode ser prejudicial para a pessoa, mas isso é uma falha social, não uma inevitabilidade natural. A incapacidade física não é, por si só, um obstáculo para se viver bem.

Essa é uma afirmação que provoca perplexidade e resistência. Muitas vezes, os filósofos tratam a imposição da incapacidade como um paradigma de lesão ou dano[36] e pessoas fisicamente aptas podem encarar com pavor a possibilidade de ficarem surdas, cegas ou incapazes de andar. Mas, embora seja fácil interpretar mal, há verdade na afirmação dos ativistas: uma vez oferecidas as adaptações adequadas, a incapacidade física não nos impede, necessariamente, de levar vidas que, em geral, não são piores do que as vidas que a maioria das pessoas leva.

Se a incapacidade física é uma categoria de mau funcionamento físico evidente, não é semelhante a uma enfermidade, e

---

35. Garland-Thomson considera a deficiência como o impacto negativo da "incapacidade" (que é um mau funcionamento biológico) em condições sociais adversas (GARLAND-THOMSON, R. *Extraordinary bodies:* figuring physical disability in American literature and culture. Nova York: Columbia University Press, 1997, cap. 1 e 2). Barnes vê isso como o foco do movimento pelos direitos das pessoas com deficiência (BARNES, E. *The minority body:* a theory of disability. Oxford: Oxford University Press, 2016, cap. 1).

36. Cf. BARNES, E. *The minority body*, a theory of disability. Oxford: Oxford University Press, 2016, cap. 2 e 3.

sim a uma doença. O mau funcionamento do corpo é biológico; já seus efeitos, na experiência vivida, são contingenciais,
sujeitos às circunstâncias. Isso significa que a incapacidade física
não pode ser ruim para a pessoa por si só. Se essa condição piora
a qualidade de vida, é porque afeta o modo como a pessoa realmente vive. Uma moral mais ampla é traçada na parábola taois-
ta da sorte do agricultor, que eu aprendi com o livro de imagens
radiantes de Jon J. Muth, *Zen Shorts*. Quando o cavalo do fazendeiro foge, seus vizinhos se compadecem: "Que azar!", "Talvez...", responde o agricultor. O cavalo dele retorna com mais
dois: "Que sorte!", "Talvez...", responde o agricultor. O filho
do fazendeiro tenta montar um dos cavalos selvagens e quebra
a perna: "Que azar!", "Talvez...", responde o agricultor. Com a
perna quebrada, o filho não pode ser convocado para lutar em
uma guerra: "Que sorte!", "Talvez...", responde o agricultor[37].

Então, tudo depende. Especificamente, se uma incapacidade
física faz sua vida melhorar ou piorar, em última análise, depende dos efeitos que ela tem. Além disso, uma coleção de dados
atesta o fato de que, mesmo no mundo tal como está, os efeitos
não são tão ruins; as pessoas com incapacidade física não avaliam
seu próprio bem-estar de forma significativamente inferior ao de
outras pessoas. "Muitas pesquisas demonstraram que as pessoas
que adquirem uma série de incapacidade normalmente não experimentam muita ou nenhuma redução permanente no prazer de
viver"[38], concluiu um estudo recente da literatura.

---

37. MUTH, J. J. *Zen shorts*. Nova York: Scholastic, 2005.
38. BAGENSTOS, S. R.; SCHLANGER, M. Hedonic damages, hedonic
adaptation, and disability. *Vanderbilt Law Review*, v. 60, p. 745-800, 2007.

Apesar disso tudo, a perplexidade persiste. Não há como negar que depender de uma cadeira de rodas, ser cego ou surdo impede que a pessoa desfrute de coisas de valor: o prazer de uma caminhada solitária na montanha, a beleza das vistas, os acordes do canto dos pássaros ao voar. Nesse sentido, é prejudicial. Como nos lembra a sorte do agricultor, pode haver benefícios colaterais, mas, se não houver outros fatores envolvidos, como incapacidades como essas podem não piorar a sua vida? Não é isso que acontece quando você tira algo de bom?

O quebra-cabeça gira em torno de erros sobre a natureza da boa vida que remontam a Aristóteles. Não é que Aristóteles esteja preocupado apenas com a vida ideal, aquela que você deveria escolher se tudo dependesse de você, nem que considere qualquer tipo de incapacidade incompatível com viver bem. A questão é que ele pensa que a melhor vida é "aquela em que não falta nada"[39], a "mais desejável das coisas"[40], à qual nada pode ser acrescentado. Se alguma coisa boa estiver faltando na *eudaimonia,* ele argumenta, acrescentá-la contaria como uma melhoria, mas já é o melhor. Isso está em consonância com a visão de Aristóteles sobre uma vida única e ideal, organizada em torno de uma única atividade, a contemplação, como se cons-

Cf. tb. GILBERT, D. *Stumbling on happiness.* Nova York: Vintage, 2006, p. 153. • ANGNER, E. *et al.* Health and happiness among older adults: a community-based study. *Journal of health psychology,* v. 14, n. 4, p. 503-512, 2009. • CAREL, H. *Phenomenology of illness.* Oxford: Oxford University Press, 2016, p. 131-135.

39. BROWN, L. *Aristotle:* The Nicomachean ethics. Oxford: Oxford University Press, 2009, 1097b16.

40. *Ibid.,* 1097b17.

tata, embora os primeiros nove livros de *Ética a Nicômaco* nos leve a esperar, em vez disso, a vida do estadista bem-sucedido.

A monomania de Aristóteles é reprimida por autores contemporâneos que o recrutam para o projeto de autoajuda. O psicólogo Jonathan Haidt é um exemplo clássico: "Ao dizer que o bem-estar ou a felicidade *(eudaimonia)* é 'uma atividade da alma de acordo com a excelência ou a virtude'", escreve ele, "Aristóteles não estava dizendo que a felicidade vem de dar aos pobres e suprimir sua sexualidade. Ele estava dizendo que uma vida boa é aquela em que você desenvolve seus pontos fortes, realiza seu potencial e se torna aquilo que está em sua natureza"[41]. Mas, além de ser mais sexo-positivo, Aristóteles estava dizendo exatamente o que Haidt diz que não estava dizendo. *Eudaimonia,* para Aristóteles, é uma vida de excelência intelectual, meditando sobre o cosmos e suas leis, ou é uma vida de virtude prática – de coragem, temperança, generosidade, justiça, amizade, orgulho – suprida com todas as dádivas da fortuna. No pensamento de Aristóteles, não existe espaço para uma pluralidade de vidas suficientemente boas, nas quais os seres humanos individuais desenvolvam seus talentos, interesses e gostos particulares.

A miragem de uma vida tão perfeita em que não falta nada, a convicção de que só existe um caminho para a prosperidade: essas são ideias às quais devemos resistir. Quando penso nos meus heróis, pessoas que viveram vidas boas, se é que é o caso

---

41. HAIDT, J. *The happiness hypothesis*: finding modern truth in ancient wisdom. Nova York: Basic Books, 2006, p. 156-157.

de alguém – ninguém é perfeito –, o que se destaca é o quão diferentes elas são: Martin Luther King Jr.; Iris Murdoch; Bill Veeck – um visionário político e ativista; uma romancista e filósofa; um executivo do beisebol. A lista continua, cada vez mais dispersa: meu professor D. H. Mellor; o ícone talmúdico Rabino Hillel; a cientista Marie Curie... Sinta-se à vontade para fazer sua própria lista e aposto que seus integrantes não terão muito em comum.

O que essa diversidade reflete é uma liberalização do que é necessário para viver bem no longo período que se seguiu à ética de Aristóteles. Não existe apenas uma atividade que se possa amar – contemplação ou habilidade política –, mas uma vasta gama de coisas que valem a pena se fazer, desde música, literatura, TV e cinema até esportes, jogos e conversas com amigos e familiares; desde o trabalho essencial dos médicos, enfermeiros, professores, agricultores e trabalhadores sanitários até a inovação comercial, ciências puras e aplicadas... até mesmo filosofia.

Não é que vale tudo. Aristóteles pode ter errado ao focar em uma única vida ideal, mas estava certo ao afirmar que vale a pena desejar algumas coisas, enquanto outras, não. Tomemos como exemplo Bartleby no incomparável conto de Herman Melville, *Bartleby, the scrivener* [Bartleby, o escrivão][42]. Narrado por um advogado complacente, mas bem-intencionado, que contrata o misterioso Bartleby como escrivão, a história gira em

42. MELVILLE, H. *Bartleby, the scrivener*. Brooklyn: Melville House, 2004. Originalmente foi publicado como Bartleby, the scrivener: a story of WallStreet. *Putnam's Monthly Magazine*, dez. 1853.

torno da repentina recusa de Bartleby em rever seus princípios. Solicitado a fazê-lo, "Bartleby, com uma voz singularmente suave e firme, responde: 'Eu preferiria não o fazer.'"[43] As coisas se movem em espiral a partir daí. Sem nunca dar qualquer razão, Bartleby repete seu mantra. Ele prefere não comer nada além de gengibre; não conversar com colegas ou checar se tem correspondência nos Correios; não ajudar o advogado a segurar um pedaço de fita adesiva; não sair do trabalho (Bartleby passa a morar lá); não responder a perguntas sobre sua vida, prefere ficar sozinho; não deixar o cargo, mesmo quando é demitido; não escrever mais, mas também não ir morar com o advogado ou arrumar outro emprego; e, quando conduzido à força para a prisão, prefere não comer, até morrer. Podemos nos compadecer de Bartleby, mas seus desejos não fazem sentido.

Portanto, nem todas as preferências são iguais: existem limites para o que vale a pena querer. Contudo, podemos prosperar de muitas maneiras dentro desses limites, fazendo inúmeras coisas diferentes. Uma vez absorvido esse pluralismo, a ideia de que uma vida boa "não carece de nada"[44] começa a parecer absurda. Obviamente, o caso das vidas que mencionei acima é falso, todas elas apresentam falhas e omissões gritantes. Não é como se devêssemos nos esforçar para participar de tudo que é bom, para amar todo tipo de música, literatura,

---

43. MELVILLE, H. *Bartleby, the scrivener*. Brooklyn: Melville House, 2004, p. 17.

44. BROWN, L. *Aristotle:* The Nicomachean ethics. Oxford: Oxford University Press, 2009, 1097b16.

arte; todo tipo de esporte; todo tipo de *hobby* e trabalhar como zelador-enfermeiro-professor-poeta-padre.

Karl Marx escreveu que, na "sociedade comunista, eu tenho a possibilidade de fazer uma coisa hoje e outra amanhã, caçar de manhã, pescar à tarde, criar gado à noite, criticar depois do jantar, da forma que eu bem entender"[45]. No entanto, nem mesmo ele sugeriu que fosse obrigatório. Quando algo tem valor, não significa que devemos nos envolver com isso. No máximo, significa que devemos respeitar como algo que vale a pena proteger e preservar[46]. É bom ser indiferente ao *free jazz*, ao piano clássico ou ao *death metal*: cada um com seus gostos. Todavia, deveríamos desejar que tudo isso sobrevivesse para que outros pudessem desfrutar. Na prática, uma vida boa é seletiva, limitada, fracionária: há coisas boas, mas as muitas que deve omitir não necessariamente tornam pior a vida. Não é uma desgraça para a minha vida o fato de eu não gostar da arte pré-Rafaelita ou não saber como construir uma cerca. Eu tenho muitas coisas para fazer.

Correndo o risco de parecer frívolo: é por isso que as incapacidades físicas não nos impedem, como regra geral, de viver bem. As incapacidades nos impedem de nos envolver com coisas valiosas. Elas são prejudiciais de certa forma, mas ninguém tem acesso a tudo de valor, ou espaço, e não há mal nenhum em se afastar de muitas coisas boas. A maioria das incapacidades

45. MARX, K.; ENGELS, F. *The german ideology* (1846). *In:* MARX, K. *Karl Marx:* selected writings. Oxford: Oxford University Press, 2000, p. 175-208.

46. Cf. RAZ, J. *Value, respect, and attachment.* Cambridge: Cambridge University Press, 2001.

deixa valor suficiente para vidas que não são piores do que a da maioria das pessoas – e, às vezes, são até melhores.

Bill Veeck começou sua vida no beisebol como vendedor de pipoca para o Chicago Cubs quando seu pai, o Bill Veeck Sênior, era presidente do clube[47]. Ele chegou a ser proprietário e gerente-geral de uma série de times de beisebol: da liga secundária, dos Milwaukee Brewers; depois, nas ligas principais, dos Cleveland Indians, dos St. Louis Browns e do Chicago White Sox. Veeck trabalhou para integrar o beisebol e contratou o primeiro jogador negro da Liga Americana. Veeck levava alegria aos fãs mesmo quando seus times perdiam, pois foi ele que inventou a famosa estratégia que anima os intervalos dos jogos de beisebol: a música, as acrobacias e a participação do público. Entretanto, ele também conseguiu vencer: primeiro com o Indians, em 1948; depois, com o White Sox, em 1959. Veeck instalou o primeiro "placar explosivo" do beisebol, que lançava fogos de artifício quando o White Sox fazia um *home run*. Ele fez isso tudo enquanto lutava contra uma lesão sofrida na Segunda Guerra Mundial, que levou à amputação de seu pé direito e, finalmente, de grande parte de sua perna.

Harriet McBryde Johnson, nascida com distrofia muscular, tornou-se advogada e ativista da incapacidade. Inesperadamente, sobreviveu até a meia-idade e, incapaz de andar, ela perdeu os movimentos dos braços e a capacidade de engolir a maioria

---

47. Os detalhes deste parágrafo foram extraídos de VEECK, B.; LINN, E. *Veeck as in wreck*: The autobiography of Bill Veeck. Nova York: Putnam, 1962.

dos alimentos sólidos[48]. No entanto, as memórias de Johnson contam as estridentes histórias de seu protesto na Jerry Lewis Muscular Dystrophy Telethon, uma campanha improvisada para participar do Conselho do Condado de Charleston; uma visita a Cuba, sendo fotografada pelo *The New York Times* e um debate com o filósofo Peter Singer, que acredita que os pais deveriam ter o direito de "praticar a eutanásia" em bebês nascidos com sua condição. A resposta dela a Singer é uma expressão incisiva do meu argumento. "Estamos 'em piores condições'?", Johnson pergunta. "Eu acho que não. Não de forma significativa. Existem muitas variáveis"[49]. Existe muita diversidade e muita contingência quanto às perspectivas de se viver bem.

Esses são os fundamentos filosóficos das pesquisas que indicam o quanto somos resilientes: a explicação e a validação da conclusão de que as pessoas com incapacidade física não estão, em média, em situação pior do que aquelas que não têm essa condição. Se parece bom demais para ser verdade, há duas coisas a dizer. Primeiro, devemos nos perguntar por que acreditamos que a vida das pessoas com incapacidade é pior do que a dos outros: confiamos no medo e no preconceito ou em testemunhos significativos?[50] (o relato sensível de Johnson sobre o encontro

---

48. MCBRYDE JOHNSON, H. *Too late to die young:* Nearly true tales from a life. Nova York: Picador, 2005, p. 15.

49. *Ibid.*, p. 207-208.

50. BARNES, E. *The minority body:* a theory of disability. Oxford: Oxford University Press, 2016, cap. 4.

com Singer já é um meio de educação moral[51]; todos deveriam lê-lo). Em segundo lugar, devemos reconhecer as complicações. Por um lado, existe uma diferença entre ter uma incapacidade e ficar incapacitado. Ter uma incapacidade é compatível com viver uma vida boa, mas isso não significa que ficar incapacitado não seja traumático. Muitas vezes, é. O que os dados empíricos sugerem, contudo, é que, na maioria dos casos, o trauma é substancialmente mais breve do que esperamos[52].

Os filósofos céticos perguntarão por que é errado impor incapacidades aos outros se elas não tornam a vida substancialmente pior[53]. É uma pergunta justa. Parte da resposta é que a adaptação à incapacidade é difícil[54]. Por um lado, é errado interferir na autonomia corporal de alguém[55], independentemente de causar danos substanciais ou não, porém, há mais um ponto a ser destacado. Pode ser normal machucar alguém quando isso evita um dano maior: você quebra minha perna ao arrastar meu corpo inconsciente dos destroços de um veículo em chamas, mas não é certo causar danos apenas quando o resultado não for ruim. Em um mordaz experimento mental, a filósofa Seana

51. Cf. HOPWOOD, M. "Terrible purity": Peter Singer, Harriet McBryde Johnson, and the moral significance of the particular. *Journal of the American Philosophical Association*, v. 2, n. 4, p. 637-655, 2016.

52. BAGENSTOS, S. R.; SCHLANGER, M. Hedonic damages, hedonic adaptation, and disability. *Vanderbilt Law Review*, v. 60, p. 745-800, 2007.

53. KAHANE, G.; SAVULESCU, J. Disability and mere difference. *Ethics*, v. 126, n. 3, p. 774-788, 2016.

54. BARNES, E. *The minority body:* a theory of disability. Oxford: Oxford University Press, 2016, p. 148.

55. *Ibid.*, p. 147.

Shiffrin imagina alguém jogando barras de ouro que valem um milhão de dólares de um helicóptero sobre vítimas inocentes, rachando crânios e quebrando membros[56]. Os destinatários dessa generosidade podem muito bem estar satisfeitos por terem sido atingidos. Eles vão se recuperar dos ferimentos, vão usar o ouro para pagar suas dívidas médicas e vai sobrar uma boa quantidade de dinheiro. Ainda assim, o que o benfeitor fez foi errado. Da mesma forma, causar incapacidade é causar danos – perda de visão, de audição ou mobilidade, digamos –, e é errado fazer isso a alguém sem seu consentimento, mesmo que o resultado seja uma vida que não seja, no geral, pior[57].

A complicação final é a mais significativa. Venho generalizando sobre incapacidade física, falando de médias e do que comumente tende a acontecer. Não pretendo negar nem por um momento que existam experiências de incapacidade que são profundamente difíceis, que destroem vidas individuais. Se a incapacidade limitar demais as atividades da pessoa, se deixar poucas coisas de valor para fazer, pode ser devastador – e não há garantia de que algum dia ela vá se adaptar. É aqui que as adaptações precárias são mais importantes. Está em nosso poder coletivo determinar até que ponto o acesso ao emprego, à

---

56. SHIFFRIN, S. V. Wrongful life, procreative responsibility, and the significance of harm. *Legal Theory*, v. 5, n. 2, p. 117-148, 1999.

57. Aqui eu discordo de Barnes, que adota uma linha mais radical: "Na verdade, não existe discrepância entre os casos que causam deficiência em uma criança e aqueles que não causam deficiência em uma criança" (BARNES, E. *The minority body:* a theory of disability. Oxford: Oxford University Press, 2016, p. 154).

educação e às oportunidades sociais é afetado pela incapacidade física. O problema é um desajuste entre os corpos e o ambiente construído, mas o ambiente pode ser alterado. As escolas e os empregadores podem ser obrigados a realizar adaptações para atender aos incapacitados e receber os recursos necessários para isso. Edifícios podem ser adaptados para a acessibilidade. As políticas sociais podem minimizar até o ponto em que pessoas com incapacidade física são excluídas da pluralidade de vidas suficientemente boas.

No entanto, mesmo isso continua a ser simplista. Nós nos concentramos no aspecto da incapacidade física implícito na sua etimologia: a falta ou a perda de uma capacidade devido a um mau funcionamento corporal. Ser privado do acesso a algo bom, eu argumentei, não significa, por si só, ter uma vida próspera negada. É algo que todos nós vivenciamos e vamos suportar, cada vez mais, à medida que envelhecermos. Contudo, existe outro lado em muitas incapacidades e em muitas formas de enfermidade. Junto com a incapacidade há dor física. As pesquisas mostram que a vida com incapacidade nefasta também constitui exceção. De acordo com um estudo sobre idosos, liderado pelo economista-filósofo Erik Angner, "as medidas objetivas [de saúde] em todos os casos, exceto em dois, não estavam correlacionadas com a felicidade... dor debilitante e incontinência urinária predizem baixa felicidade, mesmo quando a autoavaliação de saúde é controlada"[58].

---

58. ANGNER, E. *et al.* Health and happiness among older adults: a community-based study. *Journal of health psychology*, v. 14, n. 4, p. 503-512, 2009.

Estes são os aspectos móveis de quase todas as enfermidades: a privação de capacidades e a experiência da dor. Quer sofra de câncer, acidente vascular cerebral, diabetes ou uma doença mais transitória, como a covid-19, é possível classificá-la de acordo com estes elementos: perda de capacidades, sofrimento corporal e as ansiedades que acarretam (incluindo o medo da morte). A mesma análise se aplica aos efeitos do envelhecimento. Abordaremos o medo da morte quando voltarmos a falar da tristeza e da esperança, mas aqui trataremos da enfermidade abordando sua personificação: primeiro a deficiência, agora a dor.

Não sou deficiente físico, portanto, minha discussão até agora é de segunda mão: ela traz todos os riscos e as ressalvas de escrever sobre algo que você não experimentou. Quando se trata de disfunções do corpo, isso é felizmente inevitável: ninguém experimentou todas elas. Entretanto, tenho uma história de dor e, reconhecendo suas idiossincrasias, posso escrever sobre seu lugar em uma vida que, de outra forma, seria feliz.

Depois de treze anos de relativa estabilidade – com crises ocasionais –, as coisas começaram a piorar. A dor era ardente, cada vez mais restritiva, intensa o suficiente para que eu não conseguisse mascará-la com exercícios ou conseguisse dormir. Agora, morando em Brookline, Massachusetts, fui consultar um terceiro urologista. A médica repetiu os exames básicos: um exame de urodinâmica, que tive que fazer em pé, durante o qual desmaiei, e outra cistoscopia. Embora tenha sido muito mais fácil do que o primeiro, não consegui ver as imagens endoscópicas em tempo real. Ela viu uma inflamação significativa, disse, e propôs uma cirurgia transuretral para corrigi-la.

Havia riscos, mas eu estava pronto para enfrentá-los; não obstante, fiquei com medo. Meus receios me levaram ao urologista número quatro, que me avisou que a cirurgia poderia causar complicações graves e, em vez disso, ele me sugeriu tomar antibióticos quando os sintomas piorassem. Demorou alguns bons meses para que isso acontecesse, mas, quando tomei os comprimidos, não houve efeito aparente. Seis meses depois, durante minha pior e mais implacável fase de dor, incluindo dias sem conseguir dormir nada, fui ao consultório de um quinto urologista, com quem ainda me consulto. Disse que eu estava certo em evitar a cirurgia, mas os antibióticos não ajudariam. Ele deu um nome à minha condição – dor pélvica crônica, que significa o que parece e explica muito pouco – e prescreveu um "alfa-bloqueador". Não tenho certeza se o remédio ajudou, mas ele foi o primeiro médico que consultei que levou minha situação a sério, confessou que era difícil de tratar e me explicou o prognóstico desanimador. Saber disso foi um pequeno consolo, um passo para escrever este livro.

Tive muitas crises desde então. Finalmente, tomei remédios para dormir – primeiro doxepina, depois Zolpidem, que ajudou por algumas noites, mas depois parou de funcionar – e fiz outra rodada de exames. Os procedimentos causaram a dor mais persistente e lancinante que já experimentei, mas não revelaram nada de útil. Voltei a conviver com as dores, as crises são cada vez mais frequentes e cada vez mais difíceis de ignorar.

O fato de a dor ser algo incômodo pode parecer óbvio demais para justificar um exame minucioso. Então, eu me pergunto *por que* é tão ruim, principalmente em um caso como o meu, em que a dor que sinto no dia a dia não é debilitante. Para meu alívio, consigo levar muito bem, e a privação do sono é o pior de tudo. O que mais há a dizer sobre os malefícios de sentir dor?

Virginia Woolf pode ter inventado o clichê de que a linguagem luta para comunicar a dor. "O inglês, que pode expressar os pensamentos de Hamlet e a tragédia de Lear", escreveu ela, "não tem palavras suficientes para o tremor e a dor de cabeça"[59]. A máxima de Woolf é desenvolvida em *The body in pain* [O corpo em dor], um livro da crítica literária e cultural Elaine Scarry que se tornou um clássico: "A dor física, ao contrário de qualquer outro estado de consciência"[60], escreve ela, "não tem conteúdo referencial. Não é *de* ou *para* qualquer coisa. É precisamente porque não toma nenhum objeto que, mais do que qualquer outro fenômeno, resiste à objetificação na linguagem".

Todavia, como uma pessoa que convive com a dor, sei que Woolf e Scarry estão erradas. A dor física tem "conteúdo referencial"[61]: representa uma parte do corpo danificada ou sob coação, e temos muitas palavras para definir a qualidade da dor. Como Hilary Mantel contesta, respondendo a Woolf:

---

59. WOOLF, V. On being ill. *In:* ELIOT, T. S. *The New Criterion.* Londres: Faber & Faber, 1926, p. 32-45.

60. SCARRY, E. *The body in pain*: the making and unmaking of the world. Oxford: Oxford University Press, 1985, p. 5.

61. Cf. PITCHER, G. Pain perception. *The Philosophical Review*, v. 79, n. 3, p. 368-393, 1970.

Então, o que dizer de todo o vocabulário de dores cantantes, espasmos, restrições e cólicas; a dor de arrancar, a dor de perfurar, as picadas e os beliscões, o latejar, queimar, arder, esfolar? São todas palavras boas. São todas palavras antigas. A dor de ninguém é tão especial que o dicionário de angústia do diabo não a tenha previsto[62].

"Pulsar", "queimar", "contrair": são todas boas palavras para mim. Em 1970, o filósofo George Pitcher argumentou que a dor não é uma simples sensação, e sim que representa o corpo em sofrimento: "Estar consciente de uma dor é perceber – em particular, sentir, por meio da estimulação dos receptores e nervos da dor – uma parte do corpo que está danificada, machucada, irritada ou em estado patológico"[63]. Pitcher está no caminho certo, embora faça parecer que a dor nunca engana. E quanto à dor que um amputado pode sentir em uma parte do corpo que não tem? E quanto à minha dor, que não reflete dano objetivo ou coação onde a dor parece estar? O fato é que, embora a dor seja a representação de dano ou coação corporal, essa representação pode ser ilusória. Isso não significa que a dor não seja real ou não tenha "conteúdo referencial", apenas que representa o corpo de forma errada.

Isso dá origem a uma reflexividade curiosa, o tipo de coisa que os filósofos adoram. A dor enganosa é a maior "meta" das dores. Representa erroneamente uma parte do corpo como danificada ou sob coação. Isso significa que um sistema do corpo

---

62. MANTEL, H. Diary: Meeting the devil. *London Rev. Books*, v. 32, n. 21, p. 41-42, 2010.

63. PITCHER, G. *Op. cit.*, p. 371.

destinado a identificar danos ou coação – o sistema de receptores de dor – foi danificado. Está lhe dizendo que algo está errado, quando nada está realmente errado. No entanto, essa mesma discrepância significa que algo está errado! Então, embora desloque o dano que representa, a dor enganosa nunca é totalmente enganosa. Você não pode sentir dor sem patologia. A dor não comete esse erro.

Seja crônica ou aguda – a dor de uma síndrome de longa data ou uma dor súbita e intensa, como uma enxaqueca intensa –, a dor física representa o corpo, colocando-o em foco. É assim que ela interfere em nossas vidas. A dor chama a atenção para si mesma, sobrecarregando a nossa capacidade de nos envolvermos com o mundo, de desfrutarmos do que estamos fazendo ou de nos desconectarmos totalmente por meio do sono. Quaisquer que sejam as atividades que escolhemos dentre tantas que valem a pena, a dor interfere em sua realização. No limite, quando a dor é avassaladora, o foco da consciência diminui até não haver mais nada. A dor não é apenas ruim em si, também impede o acesso a qualquer coisa boa.

Quando estamos saudáveis, raramente experimentamos o nosso corpo dessa forma. Nós "sentimos por meio deles", diretamente cientes dos objetos e das pessoas com que interagimos, mal conscientes dos intrincados meios físicos pelos quais o fazemos. Ao tocar a Sonata para órgão n.4 de Bach, o organista não está atento aos incontáveis movimentos dos dedos nas teclas, e sim à música na pauta, traduzida enigmaticamente em notas, melodia, ritmo. Se o organista se concentrar nos dedos, seu desempenho provavelmente decairá. O paradoxo é que, à medida que relaxamos nossos corpos, eles desaparecem, tornando-se uma interface transparente, um fenômeno que nos convida a pensar em nós mesmos como algo diferente dos nossos corpos, um sabe-se lá o quê imaterial. A dor nos atrai de volta à nossa corporeidade. "Não é mais simplesmente *de* uma estrutura"[64], escreve o filósofo e médico Drew Leder em *The absent body* [O corpo ausente] "o corpo dolorido se torna aquilo *ao qual* [a pessoa] atende. À medida que o corpo emerge tematicamente, seu uso transitivo é interrompido".

Até mesmo René Descartes, o filósofo moderno que defendeu uma "distinção real" entre mente e corpo, vendo a mente ou a alma como uma substância imaterial, foi paralisado pela dor:

> A natureza me ensina por meio dessas sensações de dor, fome, sede e assim por diante, que não estou apenas presente no meu corpo como um marinheiro está presente em um navio, mas que estou intimamente unido e, por assim dizer, misturado com isso, de modo que eu e o corpo formemos uma unidade. Se não fosse assim, eu... não sentiria dor quando meu corpo fosse ferido, perceberia o dano puramente pelo intelecto, assim como um marinheiro percebe pela vista se alguma coisa em seu navio está quebrada[65].

---

64. LEDER, D. *The absent body.* Chicago: University of Chicago Press, 1990, p. 74. Leder está em dívida com os fenomenólogos anteriores, talvez especialmente com Sartre em *The body.* Cf. SARTRE, J. P. *Being and nothingness* (1943). Londres: Routledge, 2018.

65. DESCARTES, R. *Meditations on first philosophy* (1641). Cambridge: Cambridge University Press, 1986, p. 64.

Descartes está se debatendo aqui. Como pode uma alma imaterial "misturar-se" com a carne e o sangue de um ser humano? O contraste que ele quer estabelecer não faz sentido dentro da sua estrutura dualista de mente e corpo como existências totalmente distintas. A dor nos mostra que não somos mentes de alguma forma presas aos corpos, mas que estamos essencialmente corporificados. Como o filósofo francês Maurice Merleau-Ponty escreve em *The primacy of perception* [A primazia da percepção]: "Para nós, o corpo é muito mais que um instrumento ou um meio, é a nossa expressão no mundo, a forma visível das nossas intenções"[66].

O que ganhamos com a reflexão filosófica sobre o corpo enquanto lutamos para lidar com a dor? Em parte, espero, o consolo de ser visto e compreendido. Existe uma solidão na dor, um isolamento. É fácil se sentir o único, imaginando a vida imaculada dos transeuntes. Muitas vezes, a dor é invisível. Contudo, você não está sozinho: a filosofia testemunha o sofrimento que advém de ter um corpo.

Existe uma espécie de consolo adicional na transparência da saúde, o que Leder chama de "ausência" do corpo saudável. No domínio perturbador da dor, às vezes, sinto que não quero nada além de ficar livre da dor. Simplesmente me sentir à vontade, fisicamente bem pela primeira vez, seria o auge da felicidade. O sentimento é real, mas é uma das ilusões da dor. Quase assim que a dor passa, o corpo fica em segundo plano, não atraindo

66. MERLEAU-PONTY, M. *The primacy of perception*: and other essays. Evanston: Northwestern University Press, 1964, p. 5, *apud* CAREL, H. *Phenomenology of illness*. Oxford: Oxford University Press, 2016, p. 34.

mais o foco, e a felicidade esperada se dissolve. A alegria de estar livre da dor é como uma imagem que desaparece quando você tenta olhar para ela, ou um tecido tão macio que não cria atrito e, portanto, não é nada ao toque. Tentar insistir na ausência de dor é como acender as luzes para ver a escuridão.

Os filósofos poderiam apelidar o prazer da ausência de dor de "*finkish*", em homenagem a um experimento mental em que um fio energizado é conectado a um dispositivo que causa curto-circuito quando o fio é tocado; o dispositivo é chamado de "*electro-fink*"[67]. Embora carregue corrente, o fio não pode causar choque elétrico. Mais perto de casa, o escritor francês Alphonse Daudet, escrevendo no fim do século XIX enquanto sofria de sífilis em estágio avançado, observa a decepção da remissão: "O prisioneiro imagina que a liberdade é mais maravilhosa do que realmente é. O paciente imagina que a boa saúde é uma fonte de prazer inefável – o que não é"[68].

Por mais difícil que seja sentir dor, por mais que você queira que a dor acabe, é provável que você exagere na sua concepção de quão bom será estar sem dor. A felicidade projetada da ausência de dor é acessível apenas para aqueles que sofrem com ela: é uma experiência *finkish*, que retrocede exatamente quando você espera alcançá-la e na qual você está perdendo menos do que pensa. Esse raciocínio me dá algum alívio, até porque gosto de um paradoxo. Talvez funcione melhor para filósofos

67. LEWIS, D. Finkish dispositions. *The Philosophical Quarterly*, v. 47, n. 187, p. 143-158, 1997. • MARTIN, C. B. Dispositions and conditionals. *The Philosophical Quarterly*, v. 44, n. 174, p. 1-8, 1994.

68. DAUDET, A. *In the land of pain*. Nova York: Vintage, 2003, p. 44.

como eu. Para outros, admito, o conforto pode ser frio. Vista de outro ângulo, a ilusão da dor ausente adiciona insulto à lesão. A dor não é apenas ruim, mas também dá uma falsa sensação de quão prazeroso seria sentir um alívio. É possível encarar isso de duas maneiras: como consolo ou como desprezo. De qualquer forma, ganhamos com a compreensão do que a dor faz, mesmo que o que ganhemos seja simplesmente a verdade.

A DOR NOS ENSINA QUE não podemos escapar de nossos corpos ou apreciar adequadamente estar sem dor. Ainda, ela nos ensina mais do que isso: ensina-nos a nossa relação com os outros e a relação deles conosco. Se algo de valor resultou da minha experiência com a dor crônica, foi uma suposta compaixão por todos os outros. A preocupação com o próprio sofrimento é mais parecida com a preocupação com os outros do que parece.

Compreender isso exige uma breve divagação pela "teoria moral", a parte da filosofia que visa formular padrões do que é certo e errado. Uma das ideias-chave da teoria moral recente é "a separação das pessoas"[69]: as compensações éticas que fazem sentido em uma única vida não fazem sentido quando afetam pessoas distintas e separadas. Se você agendar um tratamento

---

69. O *slogan* é frequentemente atribuído a John Rawls, mas não é. Ele cita "a distinção entre as pessoas" e "a pluralidade e a distinção dos indivíduos" (RAWLS, J. *A theory of justice*. Cambridge: Harvard University Press, 1971, p. 27, 29). A frase parece ser, em vez disso, de um obscuro filósofo sul-africano, J. N. Findlay, que, entre parênteses, chama "a separação das pessoas de os fatos básicos para a moral" (FINDLAY, J. N. *Values and intentions*: a study in value-theory and philosophy of mind. Londres: Allen & Unwin, 1961, p. 299). Cf. tb. Robert Nozick, sobre "restrições laterais", ou direitos contra interferência, e "o fato de nossas existências separadas" (NOZICK, R. *Anarchy, state, and utopia*. Cambridge: Harvard University Press, 1974, p. 32-33).

de canal, você compensará o sofrimento no curto prazo com o alívio de uma dor maior posterior: essa troca é perfeitamente racional. Por outro lado, geralmente, não é certo fazer uma pessoa sofrer para salvar outra pessoa do perigo. A separação das pessoas faz a diferença.

Um pensamento semelhante se aplica quando o sofrimento de muitos está em jogo. Suponha que você tivesse que escolher entre salvar uma pessoa de uma hora de tormento ou aliviar uma multidão de uma dor de cabeça leve. Existe um número no qual você deve salvar muitas pessoas, não apenas uma? Consideremos a dor do sifilítico Alphonse Daudet. De suas anotações fragmentárias:

> dores estranhas; grandes chamas de dor sulcando meu corpo, cortando-o em pedaços, iluminando-o... crucificação. Foi assim que aconteceu na outra noite. O tormento da Cruz: violentas torções de mãos, pés, joelhos; nervos esticados e puxados ao ponto de ruptura. A corda grossa amarrada firmemente ao redor do torso, a lança cutucando-me as costelas. A pele descascando dos meus lábios quentes, ressecados e ásperos[70].

Embora eu brinque com minha esposa sobre achar a sífilis de Daudet compreensível, mal consigo imaginar como foi sua experiência. Se pudéssemos aliviar a dor dele ou leves dores de cabeça de milhares de pessoas, tenho certeza de que salvaríamos Daudet, mas e quanto a um milhão de dores de cabeça, ou um bilhão, ou um trilhão?

---

70. DAUDET, A. *In the land of pain*. Nova York: Vintage, 2003, p. 24-25.

Filósofos impressionados com a separatividade das pessoas negam que a balança seja instável. O alívio de pequenas dores de muitas pessoas, não importa o número, não pode compensar a agonia de um, uma vez que as dores afligem pessoas distintas e separadas. Elas não se somam. É por isso que faz sentido investir dinheiro em tratamento para doenças raras, mas agonizantes, em vez de remédios um pouco melhores para dor de cabeça. Os pequenos ganhos para muitos não compensam os grandes danos sofridos por poucos.

As coisas parecem diferentes quando pessoas separadas não estão envolvidas. O alívio de muitas dores menores – por exemplo, o alívio de uma dor pélvica crônica que se estende durante anos – pode compensar a dor mais intensa, mas de curta duração, sofrida pela mesma pessoa. Se houvesse uma cirurgia brutal de três horas, realizada sem anestesia, que curasse minha dor crônica, acho que estaria disposto a passar por essa agonia. Trocas como essa fazem sentido em uma única vida: duas mil semanas com pequenas dores – o número de semanas que provavelmente me restam – trocadas por três horas de agonia. No entanto, não podemos estender essa lógica a um caso com pessoas díspares, ignorando sua separatividade umas das outras. Se eu pudesse poupar uma pessoa de três horas de agonia ou duas mil de uma semana de dor menor, seria errado salvar muitas. Dessa forma, a preocupação consigo mesmo é bem diferente da preocupação com os outros.

Pelo menos era assim que eu pensava antes de conviver com dores crônicas por 18 anos. Não mudei de ideia sobre aquela hipotética cirurgia nem decidi que deveríamos sacrificar Daudet. Prefiro três horas de agonia a dores pélvicas crônicas constantes, mas não curaria a dor de cabeça de uma multidão à custa do tormento de Daudet. O que eu coloco em dúvida é a analogia entre os dois casos. A experiência da dor crônica não é como a experiência de numerosos episódios de dores menos intensas, diferindo das dores de muitas pessoas apenas porque envolvem a consciência de uma. A temporalidade da dor transforma seu caráter.

Embora eu nem sempre sinta dores intensas, nunca tenho consciência do início ou do alívio da dor. Quando percebo que ela desapareceu do radar da minha atenção, já havia aliviado fazia algum tempo. Quando é impossível ignorar a dor, parece que ela existe desde sempre e nunca irá embora. Não consigo vislumbrar um futuro livre de dor: nunca estarei fisicamente à vontade. Em *The absent body* [O corpo ausente], Drew Leder, que também sofre de dor crônica, descreve seus efeitos na memória e na expectativa: "Com sofrimento crônico, um passado indolor é praticamente esquecido. Embora soubéssemos intelectualmente que antes não sentíamos dor, perdemos a memória corporal de como era essa sensação. Da mesma forma, um futuro sem dor pode ser inimaginável"[71]. Ele ecoa a poetisa Emily Dickinson, que escreveu por volta de 1862:

> Dor – tem um Elemento de espaço em Branco –
> Não consigo recordar
> Quando começou – ou se houve
> Uma época em que não existia –

71. LEDER, D. *The absent body.* Chicago: University of Chicago Press, 1990, p. 76.

Não tem futuro – mas ele mesmo –
Seu Infinito contém
Seu Passado – iluminado para perceber
Novos Períodos – de Dor[72].

É possível ficar preso pela dor: isolado do passado e da perspectiva de alívio.

É esse confinamento que eu trocaria por uma cirurgia brutal. A dor crônica é pior do que uma mera sucessão de danos, cada um distinto e independente. O que piora é a expectativa de dor e a perda de qualquer sentido de vida sem ela. É aqui que a analogia entre a dor duradoura para um e a dor passageira para muitos se desfaz. Negligencia os danos da expectativa e da memória. Se o que eu estava sentindo fosse apenas uma sequência de dores passageiras, sem nenhum efeito sobre o que eu prevejo ou recordo, duvido que faria sentido optar pela cirurgia, assim como não faz sentido escolher a agonia de uma pessoa em vez de dores de cabeça de um milhão de pessoas ou mais. Se a preocupação com os outros refutaria tais negociações, o mesmo vale para a preocupação consigo mesmo. Eles são menos diferentes do que parecem.

Isso nos deixa duas lições: uma é que a melhor abordagem para qualquer dor de duração incerta – crônica ou aguda – é se concentrar no presente, no que você está fazendo agora, no presente, e não no que está por vir, no futuro. Se você conseguir encarar a dor persistente como uma série de episó-

---

72. DICKINSON, E. *The complete poems.* Nova York: Little, Brown and Company, 1960, p. 323-324.

dios isolados, conseguirá eliminar parte de seu poder. "O conselho de Daudet aos seus colegas pacientes foi pragmático"[73], escreve o romancista Julian Barnes em sua edição de notas de Daudet sobre a dor.

> A doença deve ser tratada como um hóspede indesejado, ao qual não é dada atenção especial; a vida diária deve continuar da maneira mais normal possível. "Eu não acredito que vou melhorar", disse ele, "nem [meu médico] Charcot. No entanto, eu sempre me comporto como se minhas malditas dores fossem desaparecer amanhã de manhã".

Eu tento imitar Daudet, mas admito que não é fácil.

A segunda lição é que a separatividade das pessoas é menor do que pode parecer. Se as pequenas dores de muitos não superam a agonia de um, uma vez que envolvem pessoas distintas e separadas, uma sucessão de pequenas dores em momentos distintos e separados, na ausência das distorções temporais que a dor induz, não seria pior do que uma hora de agonia. Tais compensações perdem força mesmo quando as dores afligem uma única pessoa. Muito se tem falado sobre a impossibilidade de se compartilhar a dor, que nos separa uns dos outros. Na verdade, a dor não se torna mais compartilhável com o passar do tempo. "Por que um homem não pode urinar por outro homem?"[74],

---

73. DAUDET, A. *In the land of pain*. Nova York: Vintage, 2003, p. 79.

74. A origem do ditado é um mistério. Minha pesquisa sobre mijar pelos outros revelou apenas uma fonte: o filósofo e revolucionário escocês John Oswald, que comparou a democracia representativa com a ideia de que deveríamos "urinar por procuração", o que é uma loucura. Cf. OSWALD, J. *The government of the people, or a sketch of a constitution for the universal commonwealth*. Printed at the English Press, 1792, *apud* ERDMAN, D. V. *Commerce*

uma pergunta feita por minha sogra em uma canção rabínica irônica, com os ombros encolhidos e as palmas das mãos voltadas para cima. No entanto, você também não pode urinar pelo seu eu passado ou futuro.

Não estou negando a solidão causada pela dor. De certa forma, estou amplificando isso. A dor é solitária não apenas porque nos separa dos outros, mas também porque nos separa de nós mesmos. Ainda assim, podemos compartilhar o que vivenciamos, até certo ponto, escrevendo ou falando sobre isso. E, se conseguirmos superar o abismo entre o passado, o presente e o futuro para nos compadecermos de nós mesmos em outros momentos, movidos por dores que nos são inacessíveis agora, também poderemos nos compadecer do sofrimento dos outros. A compaixão por nós mesmos não é a mesma coisa que a compaixão pelas outras pessoas, mas esses sentimentos não são tão diferentes quanto parecem. O sofrimento pode ser uma fonte de solidariedade.

Acho que é isso que a poetisa Anne Boyer quer dizer quando escreve sobre "não unidade" em *The undying* [O imortal], seu livro sobre como sobreviver ao câncer de mama: "O que a filosofia muitas vezes esquece é isto, que poucos de nós existimos na maior parte do tempo como apenas uma pessoa. Essa falta de unidade pode doer, assim como qualquer unidade também pode machucar"[75]. Podemos sofrer com a dor dos

des lumières: John Oswald and the British in Paris, 1790-1793. Colúmbia: University of Missouri Press, 1986, p. 293.

75. BOYER, A. *The undying*. Nova York: Picador, 2019, p. 239.

outros. Lembrar-nos disso, escreve Boyer, é "pelo menos um antipropósito da literatura. É por isso que tentei desvalorizar as democracias furadas da dor, as visões compartilhadas do que é terrivelmente sentido"[76].

A filosofia não precisa esquecer esses fatos sobre a possibilidade e a dor da compaixão pelos outros. Não precisa se contrastar com a literatura ou encobrir as perspectivas do que é terrivelmente sentido. Encontrar as palavras para definir o sofrimento físico ou a experiência da deficiência é uma tarefa filosófica, e não algo separado de pensar como se sentir. É, ao mesmo tempo, uma forma de reflexão e um ato de empatia. Sou grato pela sinceridade de Daudet, pois faz-me sentir menos sozinho. Embora explorar o próprio sofrimento possa ser narcisista, não precisa ser. A passagem mais comovente das anotações de Daudet não é sobre ele mesmo, mas sobre a doença de sua esposa:

> Horas dolorosas passadas ao lado da cama de Julia. Furioso por me encontrar tão arruinado e fraco demais para cuidar dela. Todavia, minha capacidade de sentir compaixão e ternura pelos outros ainda está bem viva, assim como minha capacidade de sofrimento emocional. Fico feliz por isso, apesar das dores terríveis que voltaram hoje[77].

Assim como Daudet, fico feliz que a compaixão persista na dor, o que pode nos ajudar a ver através da nossa separatividade dos outros tal como vemos através da nossa separação do nosso

---

76. *Ibid.*

77. DAUDET, A. *In the land of pain*. Nova York: Vintage, 2003, p. 25.

eu passado e futuro. Contudo, devemos reconhecer que a falta de unidade tem seus limites. A compaixão é difícil de manter. Juntamente à solidão espiritual da dor – o desejo de que o próprio sofrimento seja visto – existe a aquela comum do isolamento social, que muitas vezes o acompanha. Como escreve o filósofo Havi Carel: "A forma natural como nos envolvemos em interações sociais se torna complicada na doença, sobrecarregada por dúvidas e desconfortos não expressos, e o esforço necessário para uma comunicação genuína se torna maior"[78]. Não é inevitável que os doentes se tornem solitários, embora seja mais provável; nem a solidão é exclusiva deles. É um problema social mais amplo, uma dificuldade que todos nós enfrentamos até certo ponto. O que a filosofia pode aprender com a solidão – ou nos ensinar sobre sua cura?

---

78. CAREL, H. *Phenomenology of illness*. Oxford: Oxford University Press, 2016, p. 77.

2
Solidão

O primeiro poema que me lembro de ter escrito sozinho foi aos sete anos de idade, esperando o início do dia escolar. Cheguei muito cedo e as portas estavam trancadas. Em uma memória criada, a erva daninha se estende pelo *playground*. Abro meu caderno e escrevo quatro versos rimados. "Neste lugar tão desolado", começa o poema, imaginando o pátio da escola como um deserto e eu como um viajante solitário, longe de casa. Felizmente, não consigo me lembrar do resto. Eu só me lembro de uma infância solitária, com poucos amigos, embora não me sentisse muito sozinho.

Apesar de que talvez eu não tenha pensado muito nisso na época, essa distinção é importante. A dor da desconexão social, da solidão, não deve ser confundida com estar sozinho. Podemos estar sozinhos, em uma solitude tranquila, sem nos sentirmos solitários, e alguém pode estar sozinho no meio de uma multidão. Existe também uma diferença entre a solidão transitória, ou

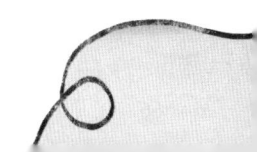

situacional – uma reação a uma perda ou a uma mudança de domicílio – e a solidão crônica, que persiste por meses ou anos[79]. Algumas pessoas são mais propensas à solidão do que outras.

Hoje em dia, até mesmo as pessoas menos propensas podem ser colocadas à prova. No auge da pandemia do coronavírus, no fim de março de 2020, por volta de 2,5 bilhões de pessoas, um terço da população mundial, estavam confinadas[80]. Algumas foram colocadas em quarentena com a família; outras ficaram por conta própria. O vírus estava se espalhando e a solidão também era epidêmica. Minha própria resposta foi um clichê: criei um *podcast*, *Five questions* [Cinco perguntas][81], em que entrevisto filósofos sobre si mesmos. Ajudou. No entanto, minha mulher e meu filho estavam em casa e, de qualquer forma, não havia muito do que reclamar. Outros passaram por situações muito piores: alguns moravam completamente sozinhos; alguns, em condições de abuso; alguns enfrentavam situações difíceis sem ajuda, com dependentes ou filhos pequenos; alguns, no hospital, sem receberem visita e outros, impossibilitados de visitar seus entes queridos. As consequências disso persistirão por anos.

Mesmo antes da covid-19, já havia uma preocupação crescente com o aumento da solidão. Em 2018, Tracey Crouch foi nomeada a primeira "Ministra da Solidão" no Reino Unido, publicando um documento político, *A connected society* [Uma

79. WHITE, E. *Lonely*: learning to live with solitude. Nova York: Harper, 2010, p. 74-75.

80. HERTZ, N. *The lonely century*. Londres: Sceptre, 2020, p. 1.

81. SETIYA, K. *Five questions*, *podcast* em áudio. Disponível em: anchor.fm/kieran-setiy.

sociedade conectada], antes de renunciar, sendo substituída por Mims Davies e depois por Diana Barran. Enquanto isso, nos Estados Unidos, há mais de setenta anos são publicados livros de advertência sobre o assunto, de *The lonely crowd* [A multidão solitária], em 1950, passando por *The pursuit of loneliness* [A busca da solidão] e *A nation of strangers* [Uma nação de estranhos], na década de 1970, a *Bowling alone* [Jogando sozinho] e *Alone together* [Sozinhos juntos], entre outros[82]. De acordo com um estudo que ganhou as manchetes em 2006 e continua a ser amplamente citado, os norte-americanos tinham três vezes mais probabilidades de não ter ninguém com quem falar sobre "assuntos importantes" em 2004 do que menos de vinte anos antes, em 1985[83].

A narrativa faz todo o sentido: ao longo de dois séculos, a ideologia do "individualismo possessivo"[84] – que nos retrata

82. RIESMAN, D.; GLAZER, N.; DENNEY, R. *The lonely crowd:* A study of the changing American character. New Haven: Yale University Press, 1950. • SLATER, P. *The pursuit of loneliness.* Boston: Beacon Press, 1970. • PACKARD, V. O. *A nation of strangers.* Filadélfia: D. McKay Company, 1972. • PUTNAM, R. D. *Bowling alone*: The collapse and revival of American community. Nova York: Simon and Schuster, 2000. •TURKLE, S. *Alone together.* Nova York: Basic Books, 2011.

83. MCPHERSON, M.; SMITH-LOVIN, L.; BRASHEARS, M. E. Social isolation in America: Changes in core discussion networks over two decades. *American Sociological Review*, v. 71, n. 3, p. 353-375, 2006, *apud* CACIOPPO, J. T.; PATRICK, W. *Loneliness*: Human nature and the need for social connection. W. W. Norton & Company, 2008, p. 52, 247. •WHITE, E. *Lonely*: learning to live with solitude. Nova York: Harper, 2010, p. 222-223. • HERTZ, N. *The lonely century.* Londres: Sceptre, 2020, p. 10-11.

84. MACPHERSON, C. B. *The political theory of possessive individualism*: hobbes to locke. Oxford: Oxford University Press, 1962.

como átomos sociais que acumulam bens privados – desgastou o tecido da sociedade ocidental, deixando-a deteriorada, para dizer o mínimo. A palavra "loneliness" [solidão] aparece pela primeira vez em inglês por volta de 1800. Antes disso, o mais próximo a que havíamos chegado era *"oneliness"*[85], que significa o estado de estar sozinho; como a "solitude", *"oneliness"* não implica dor emocional. Alguns chegam ao ponto de argumentar que a experiência da solidão, e não apenas a palavra, tem origem em 1800[86]. Dessa forma, a reverência dos poetas românticos pela reflexão solitária – basta pensar em Lord Byron, *Childe Harold's pilgrimage* [A peregrinação de Childe Harold]; em Percy Shelley, *Alastor, or the spirit of solitude* [Alastor, ou o espírito da solidão]; em William Wordsworth, *I wandered lonely as a cloud* [Solitário qual nuvem vaguei], em 1804 – dá lugar ao estranhamento da metrópole industrial capturada por Charles Dickens, em 1836:

> É estranho como alguém pode viver e morrer em Londres recebendo pouca ou nenhuma atenção ou até passar despercebido. Sem despertar simpatia, sua existência não interessa a ninguém além de a si mesmo; não se pode dizer que ele será esquecido quando morrer, pois ninguém se lembrou dele quando estava vivo[87].

No entanto, como se queixaram alguns críticos solitários, tanto os dados quanto a história são mais complexos. Quase assim que foi publicado, o estudo de 2006 foi contestado pelo sociólogo Claude Fischer, recebendo substancialmente menos

---

85. Cf. ALBERTI, F. B. *A biography of loneliness*: The history of an emotion. Oxford: Oxford University Press, 2019, p. 18-20.

86. *Ibid.*, p. 10, 30-37.

87. DICKENS, C. *Sketches by boz.* Londres: John Macrone, 1836.

aclamação. Sua suspeita de que a alegada mudança era um "artefato estatístico"[88] – um efeito da forma como os dados foram coletados – foi confirmada por pesquisas posteriores. Descobriram que a pesquisa de 2004 alterou a ordem em que as perguntas foram feitas, o que afetou as respostas[89]; quando as perguntas foram invertidas, em 2010, a percentagem de pessoas sem ninguém com quem conversar era inferior à de 1985. Em seu livro *Still connected* [Ainda conectado], Fischer fornece provas substanciais de que tanto a qualidade quanto a quantidade da conexão social têm permanecido estáveis nos Estados Unidos desde 1970, embora suas formas tenham mudado[90].

Quanto à história: a dor da solidão dificilmente era desconhecida antes de 1800. Se perguntarmos não sobre a etimologia do termo "solidão", mas sobre a necessidade desesperada de ter amigos, encontraremos isto em Aristóteles: "Sem amigos, ninguém escolheria viver"[91] e, mais liricamente, na obra do filósofo escocês David Hume, que escreveu em meados do século XVIII:

> Uma perfeita solidão é, talvez, o maior castigo que podemos sofrer. Deixe todos os poderes e os elementos da natureza conspirarem para servir e obedecer a um homem: Deixe o sol nascer e se pôr sob seu comando: O mar e os rios correm conforme seu desejo, e a

88. FISCHER, C. S. The 2004 GSS finding of shrunken social networks: An artifact? *American Sociological Review*, v. 74, n. 4, p. 657-669, 2009.

89. PAIK, A.; SANCHAGRIN, K. Social isolation in America: An artifact. *American Sociological Review*, v. 78, p. 339-360, 2013.

90. FISCHER, C. S. *Still connected*: family and friends in America since 1970. Nova York: Russell Sage, 2011.

91. BROWN, L. *Aristotle:* The Nicomachean ethics. Oxford: Oxford University Press, 2009, 1155a5-6.

terra fornece espontaneamente tudo o que lhe pode ser útil ou parecer agradável: Ele ainda será infeliz, até que você dê a ele pelo menos uma pessoa com quem possa dividir sua felicidade e de cuja estima e amizade ele possa desfrutar[92].

Nem a visão romântica de "aquele olhar interior"[93], que é a felicidade da solitude, morreu com Wordsworth. Permanece viva e atual no poeta Rainer Maria Rilke, cujas *Letters to a young poet* [Cartas a um jovem poeta], de 1929, aconselharam o destinatário das cartas a "amar sua solitude e suportar com doce lamentação o sofrimento que ela lhe causa"[94] (em seu poema *New Year letter* [Carta de ano-novo], W. H. Auden chamou Rilke de "Papai Noel da Solidão"[95]). Mais recentemente, o psiquiatra Anthony Storr elogiou o poder criador de estar sozinho em seu livro de 1988, *Solitude: A return to the self* [Solitude: um retorno ao eu][96].

Para complicar ainda mais a história, a suposta relação entre a solidão e o "individualismo possessivo" – a ideologia do consumo fragmentado – faz com que as coisas voltem ao normal. De fato, havia uma ligação entre o individualismo, a ascensão da economia de mercado e a amizade íntima, mas era o inverso do que normalmente se acreditava. Em *The ends of*

92. HUME, D. *A treatise of human nature*. Oxford: Oxford University Press, 2007.

93. WORDSWORTH, W. *I wandered lonely as a cloud*. Londres: Penguin, 2004, p. 164.

94. RAINER, M. R. *Letters to a young poet*. Nova York: Norton, 1934, p. 30.

95. AUDEN, W. H. *New year letter*. Collected Poems. Nova York: Vintage, 1976, p. 204.

96. STORR, A. *Solitude*: a return to the self. Nova York: Free Press, 1988.

life [Os fins da vida], o historiador de Oxford Keith Thomas analisa a amizade nos primórdios da Inglaterra moderna, dividindo os amigos em parentes, parceiros estratégicos e fontes de ajuda mútua[97]. "Em todos esses casos", escreve ele, "os amigos eram valorizados porque eram úteis. Não era necessário *gostar* deles"[98]. Foi a evolução da vida econômica e pessoal, facilitada pelo mercado, que abriu espaço para amizades privadas, menos subordinadas às necessidades sociais. Os grandes defensores da associação por prazer, e não pela utilidade, foram os pensadores do Iluminismo escocês[99], incluindo Adam Smith, amigo de Hume, que escreveu *The wealth of nations* [A riqueza das nações], a bíblia do capitalismo industrial. A "mão invisível" do mercado foi oferecida como amizade.

Nada disso exclui relações mais hostis entre individualismo e intimidade no decurso dos séculos. Talvez estejamos mais solitários agora, mas uma narrativa responsável da história da solidão reconheceria mudanças que tendem a ir no sentido contrário. Consideremos, por exemplo, o pouco tempo que as mulheres da classe trabalhadora, sobrecarregadas pelo trabalho doméstico, tiveram disponível para ter amizades em meados do século XX e quanta solidão o estigma associado ao fato de ser

---

97. THOMAS, K. *The ends of life*: roads to fulfilment in early modern England. Oxford: Oxford University Press, 2009, cap. 6.

98. *Ibid.*, p. 191.

99. SILVER, A. Friendship in commercial society: eighteenth-century social theory and modern sociology. *American Journal of Sociology*, v. 95, n. 6, p. 1.174-1.504, 1990. • SMITH, A. *An inquiry into the nature and causes of the wealth of nations*. Oxford: Oxford University Press, 1975.

homossexual causou. Esses são ambos os aspectos em que, em termos relativos, as pessoas têm mais liberdade e estão menos solitárias agora[100]. Além disso, o "jurado" ainda não decidiu sobre os desenvolvimentos recentes: ainda é cedo para afirmar se as redes sociais prejudicam a nossa capacidade de nos conectarmos uns com os outros, mesmo que transformem as nossas interações[101].

Antes da pandemia, portanto, os indícios de um recrudescimento da solidão eram inconclusivos. Agora, está fora de qualquer dúvida, porém, mesmo que a solidão não fosse desenfreada, seria um problema sério. Os cientistas sociais quantificaram os efeitos físicos da solidão e os resultados são alarmantes. Escrevendo com William Patrick, o psicólogo John Cacioppo resumiu brevemente:

> O isolamento social tem um impacto na saúde comparável ao efeito da hipertensão, à falta de exercício, à obesidade ou ao tabagismo, *sensações* crônicas de isolamento podem gerar uma cascata de eventos fisiológicos que aceleram o processo de envelhecimento[102].

---

100. Cf. VINCENT, D. *A history of solitude.* Cambridge: Polity, 2020, p. 153-155. •ROCHE, H. E. *Radclyffe hall,* The well of loneliness. Londres: Jonathan Cape, 1928.

101. *Ibid.*, p. 251, respondendo a TURKLE, S. *Alone together.* Nova York: Basic Books, 2011.

102. CACIOPPO, J. T.; PATRICK, W. *Loneliness*: Human nature and the need for social connection. W. W. Norton & Company, 2008, p. 5.

Os efeitos parecem depender da experiência subjetiva de estar sozinho, e não apenas de comportamentos "comórbidos"[103], como dieta inadequada, falta de exercícios ou uso excessivo de álcool. A solidão desencadeia uma resposta fisiológica ao estresse, uma inflamação associada a "lutar ou fugir"[104], uma causa do declínio do bem-estar físico. Em um estudo de nove anos realizado na década de 1970, pessoas com menos laços sociais tinham de duas a três vezes maior probabilidade de morrer do que aquelas que tinham mais laços sociais[105].

Do ponto de vista das políticas públicas, é importante conhecer esses fatos, mas eles apontam para os efeitos colaterais da solidão, não para os danos da solidão em si. Se você pudesse tomar um comprimido que remediasse o impacto do isolamento social na saúde, eu desconfio de que seu desejo por companhia permaneceria. Em vez disso, poderíamos *sentir* como é ficar isolado. Ressonâncias magnéticas funcionais mostram que a região do cérebro ativada pela rejeição social é a mesma envolvida na dor física[106]. No entanto, não entendemos o porquê de a solidão nos fazer mal se só o que conseguimos dizer é que é dolorosa. Por que dói? E o que essa dor nos diz sobre como viver?

---

103. CACIOPPO, J. T.; PATRICK, W. *Loneliness*: Human nature and the need for social connection. W. W. Norton & Company, 2008, p. 93-99.

104. *Ibid.*, p. 105.

105. BERKMAN, L. F.; SYME, S. L. Social networks, host resistance and mortality: a nine-year follow-up study of Alameda County residents. *American Journal of Epidemiology*, v. 109, n. 2, p. 186-204, 1979.

106. CACIOPPO, J. T.; PATRICK, W. *Loneliness*: Human nature and the need for social connection. W. W. Norton & Company, 2008, p. 8.

EMBORA EXISTAM filósofos solitários, poucos escreveram extensivamente sobre o assunto. Em vez disso, a questão aparece indiretamente em seus trabalhos. Poderíamos contar a história da filosofia moderna desde Descartes, ainda que seletivamente, como uma luta contra o solipsismo: a ideia de que nada existe além do eu; isto é, estamos completamente sozinhos. Meditando em uma sala de estar em 1639, Descartes duvidou de tudo o que podia – inclusive da existência de outras pessoas – para reconstruir seu mundo sobre bases seguras. Ele começou com o eu solitário: "Penso, logo existo"[107]. Contudo, ele provou a existência de Deus, pelo menos para sua própria satisfação. Considerando que Deus não nos enganaria, podemos confiar em nossas "percepções claras e distintas" do mundo exterior, incluindo outras pessoas.

O problema é que a prova de Descartes não foi convincente. Sabemos que não estamos sozinhos, mas não porque tenhamos provado a existência de Deus. Filósofos posteriores retomaram a questão do "penso, logo existo", argumentando que Descartes confiava nos outros, mesmo naquela solitária sala de estar. Para o filósofo alemão Georg Wilhelm Friedrich Hegel, que escreveu no início do século XIX, não podemos ter plena consciência de nós mesmos, a não ser por meio do reconhecimento mútuo: não existe "eu" sem "você"[108]. Para Jean-Paul Sartre: "Quando dizemos

107. DESCARTES, R. *Meditations on first philosophy* (1641). Cambridge: Cambridge University Press, 1986, p. 21.

108. Cf. HEGEL, G. W. F. *Phenomenology of spirit*. Oxford: Oxford University Press, 1977 e, mais explicitamente, as seções da *Encyclopedia of the Philosophical Sciences*, 1830, publicadas como *Philosophy of Mind*. Oxford: Oxford University Press, 1971/2007.

'eu penso', cada um de nós se locupleta na presença do outro e estamos tão certos do outro quanto de nós mesmos"[109]. Depois, Ludwig Wittgenstein, considerado por alguns o maior filósofo do século XX, em sua última obra-prima, *Investigações Filosóficas,* afirma que não pode haver "linguagem privada"[110]: o pensamento e a fala só podem coexistir em uma prática social ou em um "jogo de linguagem". A solitude inexpugnável é impossível.

Se esses filósofos estiverem certos, temos uma necessidade metafísica uns dos outros. Nossa subjetividade não é autossustentável: não podemos existir plenamente, como seres autoconscientes, a menos que nos relacionemos com outras pessoas. É uma ideia profunda, mas diz menos sobre os danos da solidão do que pode parecer. Como a autoconsciência tem valor, advoga um argumento sedutor, tudo o que depende dela herdará esse valor. Se não podemos ter autoconsciência, a não ser por meio da nossa relação com os outros, essa relação é valiosa da mesma forma e é por isso que a solidão é ruim, mas a inferência é falha. O que é necessário para algo bom não precisa partilhar seu valor, assim como a tela de uma bela pintura, escondida atrás da tinta, também é bela. Entre 1923 e 1924, a artista Gwen John fez uma versão de *The convalescent* [O convalescente] que está exposta no Museu Fitzwilliam da Universidade de Cambrige. Seus óleos frágeis retratam uma mulher quieta usando um vestido azul, sentada, lendo. Eu acho isso muito como-

109. SARTRE, J. P. *Existentialism is a humanism.* New Haven: Yale University Press, 2007, p. 41.

110. WITTGENSTEIN, L. *Philosophical Investigations.* Oxford: Blackwell, 1953.

vente. Entretanto, embora o retrato não pudesse existir sem a tela, isso não faz com que a tela esticada se mova sob a tinta. As condições sem as quais algo de bom seria impossível – a tela de uma bela pintura, as condições sociais da autoconsciência – não precisam partilhar o valor que sustentam.

O que torna a solidão ruim para nós, portanto, não é que a solitude subverta nossa autoconsciência. É ruim para nós, porque somos animais sociais para os quais a sociedade não é uma coisa líquida e certa. Os danos da solidão decorrem da natureza humana, não da natureza abstrata do eu.

Minha infância foi solitária, mas eu não vivia isolado, então não foi tão solitária assim: eu estava inserido em uma família o tempo todo. Eu me afastei deles na adolescência, rumo à solidão. Como um solitário inveterado, eu tinha pouca prática em fazer amigos. Eu não havia aprendido a me aproximar das pessoas ou a administrar os altos e baixos da amizade, bem como a agir diante de atritos, a não ser por meio do afastamento. Uma sensação de distância – de estar à margem – tomou conta de mim no ensino médio e perdurou durante toda a faculdade. Ainda acho estressante interagir individualmente e fico mais à vontade em conversas em grupos, nas quais me sinto menos pressionado a falar. Como muitas pessoas, tenho a sensação de ter sido deixado de fora, de ter sido excluído de um tecido de conexão social mais amplo e mais suave, acessível a outros. Não confio nesse sentimento, mas convivo com isso. Os seres humanos lutam com as necessidades sociais.

Aristóteles foi além, afirmando que "o ser humano é, por natureza, um animal político"[111]. Ser "político", aqui, não significa apenas viver em sociedade, talvez com a família ou os amigos, mas também pertencer a uma *polis,* ou cidade-estado. Não tenho certeza se somos políticos por natureza nesse sentido, mas definitivamente somos sociais. Os seres humanos sempre viveram juntos, em grupos sociais, desde famílias até tribos e nações. A nossa sociabilidade distinta[112] – isto é, distinta da sociabilidade dos grandes símios e dos primeiros hominídeos – baseia-se no poder da atenção conjunta e na "intencionalidade coletiva" por meio da qual nos concebemos como membros de uma espécie. A história da evolução humana, na qual desenvolvemos essas capacidades, é uma história de dependência e vulnerabilidade mútuas[113].

A nossa necessidade por sociedade é profunda, isso é absolutamente evidente. Bebês carentes de afeto sofrem danos duradouros. O psicólogo John Bowlby foi um arquiteto da "teoria do apego" na década de 1960. Ele foi inspirado por estudos nos quais filhotes de macacos rhesus preferiam uma "mãe substituta", feita de tecido e que pudesse ser abraçada, a uma feita de arame, mesmo quando a substituta de arame fosse a fonte do leite. O conforto importava mais do que o alimento. Macacos privados de contato físico e isolados desde o nascimento se

---

111. STALLEY, R. F. (ed.). *Aristotle*: Politics. Trad. de Enest Barker. Oxford: Oxford University Press, 1995, 1253a.

112. Cf. TOMASELLO, M. *A natural history of human thinking.* Cambridge: Harvard University Press, 2014.

113. *Ibid.*

comportavam de maneira errática quando voltavam ao convívio com o grupo, manifestando alternadamente reações de medo e agressividade e se balançando para frente e para trás incessantemente[114]. Bowlby observou comportamentos parecidos entre crianças sem família na Europa após a Segunda Guerra Mundial[115]. Também identificou o mesmo comportamento entre órfãos criados em massa na Romênia durante a década de 1980, no governo de Nicolae Ceauşescu[116]. As observações de Bowlby constituíram a base para a formulação da teoria sistemática dos "estilos de apego"[117] dos cuidadores de bebês, desenvolvida por sua aluna Mary Ainsworth, na década de 1970. Embora os detalhes sejam debatidos, ninguém duvida de que o apego precoce tenha efeitos duradouros sobre o bem-estar.

Outro extremo é o confinamento solitário, em que os prisioneiros são mantidos isolados em "celas de 22 a 24 horas por dia, praticamente sem nenhum contato com outros seres humanos"[118]. Na virada do século XIX, a solitária era vista como um caminho para a redenção dos criminosos nas prisões dos Estados Unidos. Mas não foi o que aconteceu. Como Alexis de

114. CACIOPPO, J. T.; PATRICK, W. *Loneliness*: Human nature and the need for social connection. W. W. Norton & Company, 2008, p. 129-130.

115. BRETHERTON, I. *The origins of attachment theory*: John Bowlby e Mary Ainsworth. *Developmental psychology*, v. 45, n. 28, p. 759-775, 1992.

116. CACIOPPO, J. T.; PATRICK, W. *Loneliness*: Human nature and the need for social connection. W. W. Norton & Company, 2008, p. 130-131.

117. *Ibid.*, p. 132-133.

118. CASELLA, J.; RIDGEWAY, J. Introduction. *In*: CASELLA, J.; RIDGEWAY, J.; SHOURD, S. (eds.) *Hell is a very small place*. Nova York: New Press, 2016, p. 1-20.

Tocqueville e Gustave de Beaumont escreveram em 1833, os presos eram "submetidos a um isolamento completo; mas essa solidão absoluta, se nada a interrompe, vai além das forças do ser humano; destrói o criminoso sem interrupção e sem piedade; não recupera, mata"[119]. De acordo com um relatório de 2014 da União Americana pelas Liberdades Civis,

> os impactos clínicos do isolamento podem ser semelhantes aos da tortura física, [incluindo] distorções perceptivas e alucinações, depressão severa e crônica, perda de peso, palpitações cardíacas, retraimento, deterioração do afeto e da apatia, dores de cabeça, dificuldade para dormir, tontura, automutilação[120].

Apesar disso, o confinamento solitário ainda é utilizado nas prisões dos Estados Unidos, muitas vezes, durante períodos que duram meses ou até mesmo anos. É usado até em escolas[121].

Os extremos são apenas isto: extremos. Entretanto, eles ilustram a necessidade de contato humano que aparece em frustrações mais mundanas: o sentimento de desconexão; a apatia e o aturdimento da pandemia, principalmente para quem mora sozinho; a rejeição, a depressão e o retraimento. A solidão é ruim para nós porque a sociedade é fundamental para a nossa forma de vida humana.

---

119. *Ibid.*, p. 3.

120. *Ibid.*, p. 10-11.

121. MOSHENBERG, D. For vulnerable children, the school day can include solitary confinement. *Solitary Watch*. Disponível em: solitarywatch.org/2020/01/30/for-vulnerable-children-the-school-day-can-include-solitary-confinement Acesso em: 30 jan. 2020.

Isso não quer dizer que ter companhia seja sempre bom: quanto mais, melhor. Também temos necessidade de solitude. No fim do século XVIII, o filósofo Immanuel Kant escreveu habilmente sobre "a *sociabilidade insociável* dos seres humanos; ou seja, sua propensão a entrar na sociedade, que, no entanto, é combinada com uma resistência profunda que ameaça constantemente fragmentar essa sociedade"[122]. Precisamos dos outros, admite Kant, mas evitamos ser governados ou oprimidos por eles, pois queremos ter nosso próprio espaço. Essa dupla propensão "faz parte da natureza humana"[123]. O próprio Kant levava um estilo de vida de solteiro inveterado, mas também era famoso por jantares sofisticados regados a conversas[124].

O fato de sermos animais sociais explica por que o nosso desejo de companhia não é como a preferência vazia de Bartleby: temos bons motivos para passar tempo com outras pessoas. O fato de variarmos nas nossas necessidades sociais e de todos necessitarmos de tempo a sós explica por que faz sentido uma pluralidade de modos sociais, alguns mais gregários do que outros. Para o poeta e romancista francês Victor Hugo: "Todo o inferno está contido em uma palavra: *solitude*"[125], enquanto,

122. KANT, I. Idea for a universal history with a cosmopolitan aim. *In*: LOUDEN, R. B.; ZOLLER, G. (eds.). *Anthropology, history, and education.* Cambridge: Cambridge University Press, 2007, p. 111.

123. *Ibid.*

124. Cf. KUEHN, M. *Kant*: A biography. Cambridge: Cambridge University Press, 2001, p. 322-325.

125. HUGO, V. *La fin de Satan. In:* SKINNER, R. G. *God and the end of Satan*: selections. Chicago: Swan Isle Press, 2014.

para Sartre – ou um de seus personagens – "O inferno são os outros"[126]. No limite, está o eremita, ou recluso, embora valha a pena registrar que Thomas Merton, um monge trapista do século XX que escreveu sobre a vida solitária, a considerava "perigosa": "A essência da vocação solitária é precisamente a angústia de uma provação quase infinita"[127]. No contínuo da sociabilidade, a maioria de nós fica em algum lugar no meio.

Podemos, portanto, dar sentido à solidão localizando-a na vida humana. Somos animais sociais com necessidades sociais e, quando essas necessidades são frustradas, sofremos. "Solidão" dá nome ao nosso sofrimento, mas, ainda assim, precisamos articular seus danos. Apelar à natureza humana, ou citar uma necessidade frustrada, pressupõe abordar a dor da solidão a partir de fora. Queremos compreendê-la de dentro. O que torna a solidão tão amarga? O que torna essa experiência tão difícil? Poderíamos recorrer à fenomenologia, captando o conteúdo da experiência vivida: estar sozinho é perceber uma falta ou um vazio, um buraco em si mesmo; a sensação é a de ser afastado, diminuído ou desaparecer completamente. Todavia, iremos mais longe se perguntarmos do que as pessoas solitárias sentem falta. A resposta é, basicamente, de amigos. Para compreender melhor o que há de ruim na solidão e como pode ser remediada, precisamos entender por que a amizade é boa.

126. SARTRE, J. P. No exit. *In*: SARTRE, J. P. *No exit and three other plays*. Nova York: Vintage, 1989.

127. MERTON, T.; CONNER, J.; SHANNON, W. H. *Notes for a philosophy of solitude*. Nova York: Farrar, Straus & Giroux, 1960, p. 190.

Nem sempre voltaremos a Aristóteles, mas, nesse caso, é preciso, pois Aristóteles é o grande teórico da amizade na filosofia ocidental e dedicou dois dos dez livros de sua *Ética a Nicômaco* à *philia,* que é comumente traduzida como "amizade"[128]. Junto com argumentos sobre a melhor forma de amizade e seu lugar em nossas vidas, Aristóteles dá conselhos práticos sobre como lidar com amizades desiguais – o que fazer quando você ama mais um amigo do que ele ama você – e como equilibrar obrigações conflitantes, como quando você é forçado a escolher entre um amigo e outro. Sua sabedoria foi preservada por pensadores helenísticos como Cícero, que escreveu um livro sobre a amizade em 44 a.C. recapitulando, em grande parte, Aristóteles, que continua a ser o principal critério para abordagens filosóficas sobre o que significa ser amigo.

A visão de Aristóteles sobre *philia* é profundamente certeira em um aspecto. Ele reconhece uma grande variedade de amizades – amizades de utilidade, de prazer e de virtude – e considera as relações familiares como formas de amizade. Nós, pessoas modernas, tendemos a fazer distinções, tanto contrastando parentes quanto aparentados e distinguindo parceiros românticos de meros amigos, até mesmo "amigos com benefícios". A visão mais inclusiva de Aristóteles é mais reveladora: as relações com a família são fundamentais para as nossas vidas como animais sociais, afastando a solidão, o que o romance também pode fazer. Quando escrevo sobre "amizade" aqui, tenho o propósito de

---

128. BROWN, L. *Aristotle:* The Nicomachean ethics. Oxford: Oxford University Press, 2009, livros VIII e IX.

incluir parceiros românticos e familiares próximos. É frustrante, mas não temos nenhuma palavra que signifique exatamente isso. *"Philia"* é muito amplo, pois inclui relações meramente pragmáticas: "Se você coçar as minhas costas, eu coçarei as suas". Nosso assunto não é a mera associação ou a atitude de alguém para com estranhos úteis, mas o significado do amor.

O paradigma de amizade de Aristóteles se baseia na virtude ética, uma amizade de seres humanos corajosos, justos, moderados e generosos. Ser amado por seu caráter, argumenta ele, é ser amado por aquilo que faz você ser *você*; e, como o amor e o desejo são sempre pelo bem, somente aqueles cujo caráter é virtuoso podem ser verdadeiramente amados por si mesmos. A verdadeira amizade, assim como a verdadeira virtude, é rara. Arquétipos de vínculo masculino, em *A ilíada,* Aquiles e Pátroclo podem se amar como verdadeiros amigos, mas você e eu provavelmente não temos a mesma sorte.

Graças a Deus, não é assim. A amizade pode ser difícil, mas não da maneira como Aristóteles pensava. Podemos ser amigos sem sermos heróis ou estadistas realizando atos nobres. Quando eu imagino amigos, penso em pessoas bebendo juntas, rindo das piadas umas das outras, sofrendo, compartilhando histórias, assistindo a filmes, jogando, cozinhando. Alguns desses amigos são o que eu chamaria de "virtuosos" ou admiráveis; outros, nem tanto. Podemos imaginar diferentes tipos de pessoas fazendo coisas diferentes. Negociamos silenciosamente os termos das nossas próprias amizades, adaptando e revisando formas culturais. Não há dúvida de que existem obstáculos para a amizade com pessoas perversas: se você me roubasse descaradamente no momento em que parasse de me ver como amigo, eu não teria certeza de se realmente éramos amigos. Contudo, a virtude notável não é necessária.

Ver em que ponto Aristóteles se desviou mostra algo profundo sobre o amor pelos amigos e pela família. O erro dele foi pensar na amizade como meritocrática: para ele, está condicionada à virtude. "Mas, se você considera uma pessoa boa, mas ela prova o contrário por meio de suas ações", questiona Aristóteles, "ainda devemos amá-la? Certamente é impossível, pois nem tudo pode ser amado, apenas aquilo que é bom"[129]. Para Aristóteles, os amigos não deveriam ser confiáveis, de certa forma. Para ele, eles te abandonam e deixam de te amar assim que você perde as qualidades que tornam vocês amigos. Isso é praticamente o oposto da verdade. Não estou dizendo que a amizade deva ser incondicional, mas pode ser. Já tive amizades em que os amigos mudaram completamente, a ponto de eu não gostar mais deles. Ainda assim, eu me importava com eles. Quando meu amigo se torna um idiota, a redenção deles é muito mais importante para mim do que a de qualquer idiota aleatório. Eu acredito que você pense da mesma maneira.

O descuido de Aristóteles remonta a seu argumento inicial: o de que amar alguém por si mesmo pressupõe amá-lo por seu caráter. Isso não é verdade. Você não é seu caráter, um conjunto de peculiaridades e características, virtudes e defeitos aos quais

129. BROWN, L. *Aristotle:* The Nicomachean ethics. Oxford: Oxford University Press, 2009, 1165b13-14.

você pode sobreviver. Você é um ser humano particular e concreto, não é definido pelos atributos que possui. Ser amado por si mesmo, portanto, não é ser amado pelas qualidades que fazem você ser *você*, e ser valorizado como amigo não é o mesmo que ser admirado. Na verdade, é o contrário. Ser amado por si mesmo é ser amado precisamente *não* por quaisquer qualidades especiais pelas quais o amor deva ser conquistado, assim como ser valorizado como amigo pressupõe ser valorizado independentemente de seus defeitos.

Às vezes, os filósofos afirmam que amar alguém pressupõe ver o que há de melhor nele até o ponto do exagero; isso é conhecido como "parcialidade epistêmica"[130]. Eu tento não generalizar, mas não sou muito bom nisso. Os pais podem ser extremamente críticos, mas, independentemente de isso ser ou não o melhor, não se trata de algo conflitante com seu sentimento de amor. Além disso, os filhos poderão ficar felizes em retribuir. Isso também não se limita ao amor parental e filial. Ninguém conhece meus defeitos melhor do que minha esposa e eu conheço muito bem os dela. Isso não nos impede de nos amarmos.

Tudo isso nos ajuda a enxergar o valor da amizade e, portanto, por negação, os malefícios de estar sozinho. As recompensas da amizade são múltiplas; a amizade oferece significado e prazer de vários tipos. No entanto, eu acho que seu valor emana, em

130. KELLER, S. Friendship and belief. *Philosophical Papers*, v. 33, n. 3, p. 329-351, 2004. • STROUD, S. Epistemic partiality in friendship. *Ethics*, v. 116, n. 3, p. 498-524, 2006.

última análise, do valor incondicional das *pessoas* que são amigas. Escolha uma amizade que seja importante em sua vida: ela importa, no fim das contas, porque seu amigo é importante, tal como você. Os verdadeiros amigos valorizam uns aos outros, não apenas a amizade que os une.

Esse contraste pode parecer sutil, mas aparece nos atritos e nos ressentimentos comuns da amizade. Quando eu visito você no hospital, existe uma diferença entre fazê-lo pelo bem da nossa amizade e pelo seu bem. Eu imagino que você ficaria magoado se soubesse que fui visitá-lo apenas para manter nossa amizade ou porque a amizade exige isso, e não por apego direto a *você*. Como o filósofo Michael Stocker aponta: "A preocupação com a amizade é diferente da preocupação com o amigo"[131]. Tendemos a nos concentrar no valor da amizade quando essa precisa ser trabalhada – como quando tentamos construí-la ou quando a amizade está abalada – ou quando estamos relutantes em cumprir as nossas obrigações para com um amigo. Quando as coisas vão bem, "somos indiferentes" à amizade e passamos a priorizar o amigo.

Essa forma de compreender a amizade provoca uma mudança mais profunda em como pensar sobre o valor da vida humana. É uma visão definidora da filosofia do Iluminismo de que as pessoas são importantes por si mesmas, independentemente de seus méritos. Kant chamou esse valor incondicional de "dignidade", em oposição a "preço". "O que tem preço pode

---

131. STOCKER, M. Values and purposes: the limits of teleology and the ends of friendship. *The Journal of Philosophy*, v. 78, n. 12, p. 747-765, 1981.

ser substituído por outra coisa, como seu *equivalente*[132], ele escreveu, "ao passo que aquilo que está acima de qualquer preço e, portanto, não permite equivalente, tem dignidade". É a nossa dignidade que o amor celebra e a solidão envolve: uma dignidade que clama por respeito.

Dessa forma, a amizade vai de mãos dadas com a moralidade. Aristóteles estava errado ao ver a verdadeira amizade como a apreciação mútua da virtude; em vez disso, depende do reconhecimento recíproco da dignidade humana. É por isso que o filósofo David Velleman chama o amor – o amor de parceiros românticos, familiares e amigos – de "emoção moral"[133]. Isso não significa que uma amizade amorosa seja um acordo de respeito mútuo ou que uma coisa implique a outra. Pode haver respeito sem amor e a intimidade pode gerar desprezo, porém, respeito e amor compreendem o mesmo valor. Como Velleman advoga, o respeito é um "mínimo exigido" e o amor é uma resposta "opcional", mas adequada, ao valor insubstituível de um ser humano[134].

A verdadeira amizade, portanto, não é uma meritocracia. Os talentos e as virtudes das pessoas podem facilitar a amizade, bem como as atividades comuns. Todavia, os amigos analisam o valor dessas características e avaliam o valor do amigo.

---

132. KANT, I. *Groundwork of the metaphysics of morals*. Cambridge: Cambridge University Press, 1998, p. 46-47.

133. VELLEMAN, J. D. Love as a moral emotion. *Ethics,* v. 109, n. 2, . 338-374, 1999. Cf. tb. SETIYA, K. Love and the value of a life. *Philosophical Review*, v. 123, n. 3, p. 251-280, 2014.

134. VELLEMAN, J. D. Love as a moral emotion. *Ethics,* v. 109, n. 2, 1999, p. 366.

A amizade é importante, em última análise, porque o amigo é importante, assim como todo mundo. Isso explica o que deu errado naquela visita ao hospital, quando eu fui ver você não por preocupação com *você*, mas pela nossa amizade.

Ainda, isso também explica, finalmente, por que a solidão dói tanto. Uma maneira de se sentir solitário é ficar afastado dos amigos e, assim, sentir falta de estar com eles. Por outro lado, não podemos reafirmar que são importantes e eles não podem nos garantir nada. Daí a sensação de vazio, de um buraco em si mesmo, que antes era preenchido e agora não é mais. No entanto, existe uma forma mais completa de solidão, que é não ter amigos. Quando não temos amigos, nosso valor não é reconhecido. Embora outros possam nos tratar com um respeito distante, nosso valor como ser humano é desconsiderado e descomprometido. É por isso que nossa realidade parece precária. Não ter amigos faz com que sintamos que vamos encolhendo, desaparecendo do mundo humano. Somos feitos para o amor e estamos perdidos sem ele.

Mais uma vez, os extremos iluminam. Preso por crimes relacionados a drogas, muitos dos quais foram posteriormente anulados, Five Mualimm-ak passou mais de dois mil dias em confinamento solitário nos Estados Unidos[135]. Agora, um defensor contra o encarceramento em massa, ele escreveu sobre sua própria experiência: "A essência da vida é o contato humano, e a afirmação da existência que o acompanha. Ao per-

---

135. MUALIMM-AK, F. Invisible. *In*: CASELLA, J.; RIDGEWAY, J. (eds.). *Hell is a very small place*. Nova York: The New Press, 2016, p. 147-152.

der esse contato, você perde seu senso de identidade[136]. Você se torna nada. Eu me tornei invisível até para mim mesmo". Nós precisamos da afirmação encontrada no amor.

UMA COISA É DIAGNOSTICAR os malefícios da solidão, outra é propor uma cura. Não existem respostas fáceis, em parte, porque a solidão se alimenta de si mesma: o isolamento desperta medos que agravam o isolamento, mas há uma saída, uma fuga da solidão proposta pela filosofia e confirmada pelas ciências sociais. Abordaremos isso por meio da ficção, das memórias e da autobiografia.

O romance de Haruki Murakami *O incolor Tsukuru Tazaki e seus anos de peregrinação* começa inspirado em Kafka[137]. Em seu segundo ano de faculdade, Tsukuru Tazaki suporta seis meses de desespero total: "Era como se ele andasse sonâmbulo pela vida, como se já tivesse morrido, mas ainda não tivesse percebido"[138].

> A razão pela qual a morte teve tanto poder sobre Tsukuru Tazaki estava clara. Um dia, seus quatro amigos mais próximos, amigos que ele conhecia fazia muito tempo, anunciaram que não queriam mais vê-lo nem falar com ele, nunca mais. Não deram nenhuma explicação, nenhum esclarecimento para esse duro pronunciamento. E Tsukuru não se atreveu a perguntar[139].

136. *Ibid.*, p. 149.
137. MURAKAMI, H. *Colorless Tsukuru Tazaki and his years of pilgrimage.* Nova York: Vintage, 2014.
138. *Ibid.*, p. 4.
139. *Ibid.*, p. 5.

Quando ele finalmente reúne coragem para exigir um motivo, a única resposta é: "Pense e descobrirá"[140]. Todavia, assim como o protagonista de *O processo*, de Kafka, Josef K., que é levado a julgamento por crimes não especificados, Tsukuru não faz ideia de qual poderia ser o motivo. Ele se perde em teorias neuróticas que giram em torno dos nomes de seus quatro amigos, cada um dos quais significa uma cor, ao passo que seu nome significa "criar": somente Tsukuru é incolor. Sem amigos, ele perambula pela vida, namorando ocasionalmente, absorto em sua vocação de engenheiro ferroviário.

O que é mais interessante no romance é a reviravolta na trama: quando a namorada casual de Tsukuru, Sara, incentiva-o a confrontar seu passado, o livro sofre uma mudança de gênero. O que começou como uma parábola desorientadora sobre nossa incompreensibilidade uns com os outros termina em uma novela intelectual. Tsukuru descobre a verdade sobre a traição de seus amigos, é capaz de aceitá-la e admite para si mesmo e para Sara que está apaixonado. À medida que os gêneros se entrelaçam, há notas de paranoia – Sara insinua misteriosamente "coisas de que preciso cuidar"[141], não sabemos o quê, e depois desaparece – misturadas com momentos de anticlímax e prosas vazias: "'Ainda há algo preso dentro de você', disse Sara. 'Algo que você não consegue aceitar. E o fluxo natural de emoções que você deveria expressar está bloqueado. Essa é a sensação que eu tenho sobre você'"[142].

140. MURAKAMI, H. *Colorless Tsukuru Tazaki and his years of pilgrimage*. Nova York: Vintage, 2014, p. 32.

141. *Ibid.*, p. 194.

142. *Ibid.*, p. 193.

O romance de Murakami acompanha o ciclo recursivo da solidão – conforme a rejeição quebra a confiança e a autoconfiança – e a mudança radical necessária para escapar dela, como uma mudança de gênero no meio de um livro. Quando estamos sozinhos, ficamos com medo: temos medo de sair da sala de isolamento que prendeu Descartes e temos medo do que encontramos sempre que fazemos isso. Em um livro de memórias sobre solidão crônica, a autora Emily White mapeia essa dinâmica: "Eu dizia a mim mesma que precisava de sociabilidade, então a sociabilidade se apresentava. Eu ficava estressada com a perspectiva de interagir e, para amenizar a sensação de estresse, passava mais tempo sozinha"[143]. Aventurar-se com sucesso pressupõe ver o mundo em termos diferentes, não como um lugar de perigos e segredos sinistros, inspirado em Kafka, mas como um reino de histórias familiares, felizes e tristes, algumas delas clichês, que traçam o relacionamento de alguém com os outros.

A ciência social da solidão atesta seu caráter autorreforçador. Como John Cacioppo argumenta, os solitários estão mais atentos aos sinais sociais[144] – seu alerta de ameaça está pré-definido para o máximo –, mas são menos fiáveis em sua interpretação. Eles podem parecer menos empáticos, menos confiantes e mais negativos em suas percepções sobre os outros. As pessoas solitárias também tendem a ser autocríticas, atribuindo o fracasso

143. WHITE, E. *Lonely*: learning to live with solitude. Nova York: Harper, 2010, p. 162.

144. CACIOPPO, J. T.; PATRICK, W. *Loneliness*: Human nature and the need for social connection. W. W. Norton & Company, 2008, p. 161. O restante deste parágrafo se baseia no capítulo 10.

social às suas próprias falhas, e não às circunstâncias, embora alguns estudos sugiram que a solidão crônica não esteja correlacionada com nenhuma falta de competências sociais[145].

É difícil escapar da solidão sem a ajuda de outras pessoas, o que torna a solidão um obstáculo. Nem é possível mudar as coisas da noite para o dia: é preciso esforço para amenizar a ansiedade social induzida pela solidão. É por isso que a solidão é um problema da sociedade, não apenas das pessoas. Assim como acontece com a depressão, é necessário desestigmatizar a solidão e promover os cuidados de saúde mental que possam aliviá-la. Perto do fim de seu livro, Emily White descreve o trabalho da "psicóloga holandesa Nan Stevens, que desenvolveu um programa de redução da solidão que comprovadamente reduz as taxas de solidão pela metade"[146].

> O programa de Stevens consiste em aulas semanais em grupo durante três meses. Sob a orientação de um assistente social ou de um mediador, os participantes são incentivados a fazer coisas simples, como avaliar suas necessidades e expectativas de amizades e mapear relacionamentos que já existem, a fim de identificar amizades potenciais adormecidas. O programa funciona essencialmente como um freio à abstinência que a solidão tende a provocar.

Entretanto, programas como este são raros, o que é frustrante, e raramente são bem-financiados.

145. WHITE. *Op. cit.*, p. 148-149.
146. *Ibid.*, p. 274-275.

Diante da falta de serviços sociais adequados, o que devemos fazer? A orientação oferecida pelos psicólogos da solidão se enquadra na imagem de amor e amizade que eu desenhei. Nas palavras de Cacioppo:

> O obstáculo conceitual mais difícil para as pessoas que enfrentam a solidão é que, embora estejam passando por uma situação que parece um buraco no centro de seu ser – uma fome que precisa ser alimentada –, essa "fome" nunca poderá ser satisfeita focando em "comer". O que é necessário é se afastar da dor da nossa própria situação por tempo suficiente para "alimentar" os outros[147].

A superação da solidão passa, ironicamente, pelas necessidades das outras pessoas. Trata-se de dar atenção a elas, não de como elas se relacionam com você: preocupação com um amigo em potencial, não com uma amizade em potencial.

Além do mais, existe uma continuidade entre respeito e amor: entre afirmar que alguém é importante, forjar uma compaixão compartilhada e, finalmente, tornar-se amigos. É por isso que faz sentido, como insiste Cacioppo, "começar aos poucos... ter interações simples no supermercado ou na biblioteca... Apenas dizer 'O dia não está lindo?' ou 'Adorei esse livro' pode trazer uma resposta amigável... Você enviou um pequeno sinal social e alguém respondeu"[148]. Interações como essas fazem com que reconheçamos a realidade de outros seres humanos. Isso pode parecer muito diferente da conexão profunda que

147. CACIOPPO, J. T.; PATRICK, W. *Loneliness*: Human nature and the need for social connection. W. W. Norton & Company, 2008, p. 230-231.

148. *Ibid.*, p. 237.

você deseja quando está sozinho, mas a diferença é de grau ou dimensão, não de tipo. Respeito, compaixão e amor são formas de afirmar que alguém é importante. São melodias cantadas no mesmo tom.

Portanto, não é por acaso que Emily White encontrou alívio para sua solidão crônica ao trabalhar como voluntária em uma cozinha comunitária[149]: simpatia e indignação moral podem ser formas de se conectar com outras pessoas. Posteriormente, ela entrou para uma liga de basquete feminino[149]. Intimidada pelas jogadoras, ela pagou uma taxa não reembolsável e "conseguiu compensar a [sua] ansiedade com a [sua] recusa inata em desperdiçar dinheiro"[150]. White começou aos poucos e persistiu com companheiras de equipe, não com amigas. Porém, ela estabeleceu um relacionamento profundo com uma delas e, com o tempo – não sem alguns contratempos –, elas começaram a namorar.

Mesmo quando não termina em amizade, prestar atenção às outras pessoas – afirmando o valor de suas vidas, não da própria – torna a solidão menos severa. Em um estudo de 2014 com passageiros de transporte público em Chicago[151], foi pedido aos participantes que interagissem com estranhos em um ônibus ou trem, descobrissem um fato interessante sobre alguém e par-

149. WHITE, E. *Lonely*: learning to live with solitude. Nova York: Harper, 2010, p. 67.

150. *Ibid.*, p. 309.

151. EPLEY, N.; SCHROEDER, J. Mistakenly seeking solitude. *Journal of Experimental Psychology: General*, v. 143, n. 5, p. 1.180-1.999, 2014, *apud* MURPHY, K. *You're not listening*: what you're missing and why it matters. Nova York: Celadon Books, 2020, p. 42-46.

tilhassem um fato sobre si mesmos, e eles relataram se sentir mais felizes depois, apesar das dúvidas iniciais. Ou, para dar um exemplo da minha própria experiência: iniciar um *podcast* durante a pandemia me ajudou a manter minha solidão sob controle. Alguns dos meus convidados eram velhos amigos ou professores; alguns eram conhecidos; alguns eu nem conhecia. A questão não era construir um novo relacionamento, e sim fazer uma série de perguntas pessoais aos filósofos sobre si mesmos, desde as impertinentes – "Você acredita mesmo nas suas opiniões filosóficas?" – até as mais arriscadas – "Do que você tem medo?" As entrevistas passaram do argumento filosófico para a história íntima, às vezes, estabelecendo ligações entre elas. Um filósofo falou sobre crescer com estrabismo[152], uma condição na qual não é possível fazer contato visual porque os olhos não estão alinhados corretamente. Quando eu perguntei sobre a solidão infantil, ele traçou um caminho desde os desafios sociais ao longo da vida até seu trabalho em filosofia moral, que coloca a reciprocidade no cerne da ética[153]. Essa conversa foi especial, mas eu amei cada uma de uma maneira particular. É surpreendente até que ponto a individualidade de alguém, a sua forma distinta de estar no mundo, pode ser revelada em apenas 25 minutos. Depois de ouvir atentamente por meia hora e editar por mais uma hora, eu me sentia menos solitário por dias.

---

152. Stephen Darwall entrevistado por Kieran Setiya (*Five Questions*). Disponível em: anchor.fm/kieran-setiya/episodes/Stephen-Darwall-es59ce Acesso em: 18 maio 2021.

153. DARWALL, S. *The second-person standpoint*: morality, respect, and accountability. Cambridge: Harvard University Press, 2006.

Um *podcast* pode parecer artificial, mas uma conversa parcialmente planejada ajuda a atenuar a ansiedade social e há cada vez mais provas de que aprender a ouvir bem é o caminho para relacionamentos fortes[154]. Ouvir – ouvir de verdade – é um trabalho árduo. Como o filósofo Frank Ramsey brincou, "Nós mal percebemos o quanto nossas [conversas] frequentemente são desta forma: A.: – 'Eu fui a Grantchester esta tarde'. B.: 'Não, eu não fui'"[155]. Psicólogos e terapeutas demonstraram como uma conversa estruturada, em que fazemos perguntas surpreendentes e temos que prestar atenção às respostas, ajuda a construir intimidade tanto com estranhos quanto com pessoas que já conhecemos[156].

Nós tendemos a pensar que a admiração mútua ou os interesses comuns devem estar em primeiro lugar na criação de amigos, um eco distante da meritocracia de Aristóteles. Quando admiramos alguém ou compartilhamos de seus objetivos, fica mais fácil nos tornarmos amigos, mas a amizade pode começar com o simples ato de prestar atenção. Primeiro nos reconhecemos, só depois encontramos coisas para fazer. Ouvir por si só pode ser suficiente para estabelecer uma conexão. Contudo, fazer isso bem-feito exige coragem e resiliência. Pode ser um caminho longo e difícil, desde saudações amigáveis até uma

154. Para uma visão geral recente, cf. MURPHY, K. *You're not listening:* what you're missing and why it matters. Nova York: Celadon Books, 2020.

155. RAMSEY, F. P. *Philosophical Papers*. Cambridge: Cambridge University Press, 1990, p. 245-250.

156. MURPHY, K. *You're not listening*: what you're missing and why it matters. Nova York: Celadon Books, 2020, p. 150-151, 179-180.

amizade íntima. Esse caminho é pavimentado por trabalhos voluntários, aulas noturnas, esportes amadores. É pavimentada por convites feitos, silêncios tolerados – uma exposição de necessidades que pode ser assustadora e dominada pela vergonha. Superar a solidão pressupõe se abrir aos outros, quando o que se abre é uma ferida.

Mesmo quando essas estratégias funcionam, existem maneiras de se sentir solitário que essas não conseguem resolver. Vista sob certo prisma, a forma mais completa de solidão é nunca ter tido um único amigo, mas essa condição pode ser alterada. O que é inalterável é a solidão da perda. Novos amigos não podem substituir os mortos ou os afastados permanentemente. Jó não foi compensado pelo assassinato de seus filhos com a dádiva de uma segunda família. Se a filosofia fala ao amor, também deve falar ao luto.

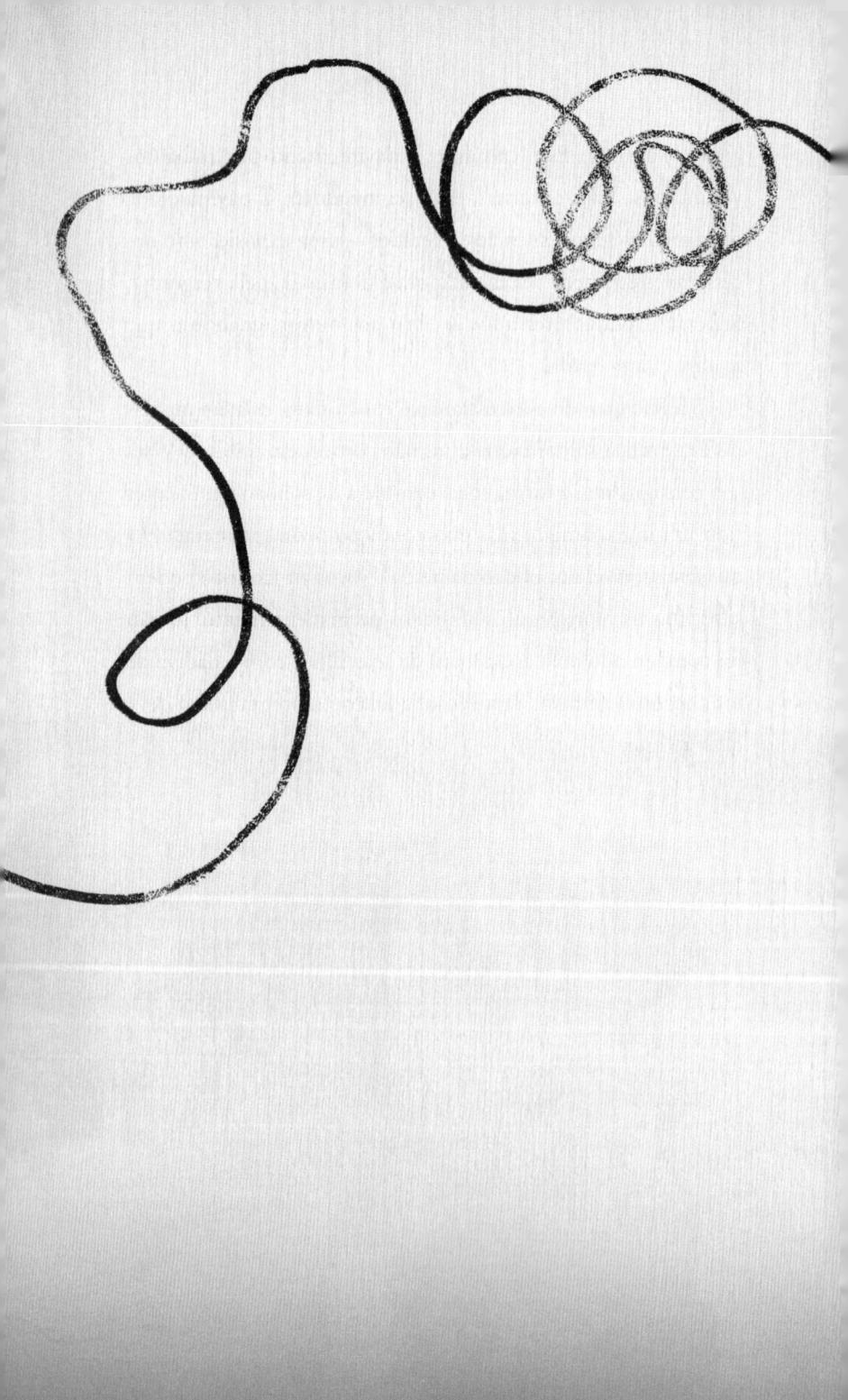

3

Luto

Em um *stand-up* inabalável em agosto de 2012, quatro dias depois de ser diagnosticada com câncer de mama, a comediante norte-americana Tig Notaro falou sobre a morte inesperada de sua mãe apenas quatro meses antes. Ela descreveu as consequências para um público abalado, mas ainda rindo, no Largo, em Los Angeles:

> Minha mãe acabou de morrer. Eu deveria ir embora? Não acredito que vocês estejam levando isso tão a sério. Vocês nem a conheciam. Eu estou bem.
>
> Eu estava verificando minha correspondência e o hospital enviou um questionário para minha mãe para saber como foi sua estadia no hospital.
>
> Bem, nada boa, não foi nada boa. Vou levar isto direto para ela. Pergunta um: Durante a internação, os enfermeiros explicaram as coisas de uma forma que você conseguisse entender?... Considerando que você não tinha atividade cerebral[157].

157. NOTARO, T. *No questionnaires to dead people*. Live: Secretly Canadian, 2012.

A confusão emocional do ouvinte ecoa, com refração, as confusões retumbantes do luto.

O luto não é uma emoção simples[158]. As pessoas que estão de luto sentem tristeza, sim – mas também raiva, culpa, medo e têm momentos de leveza e profundidade. A raiva pode ser sem objetivo, ou a culpa, irracional. O medo pode ser quixotesco, dirigido não ao futuro, mas ao passado. "Estou sofrendo *por medo do que aconteceu*", escreveu o crítico Roland Barthes em *Mourning diary* [Diário de um luto] seis meses após a morte de sua mãe[159]. E há aqueles – como Tig Notaro – que brincam após uma tragédia[160]. O luto não é estático, mas algo que se manifesta em diferentes sentimentos, em diferentes momentos. O luto é algo que *vivenciamos*[161], se não deliberadamente – como realizamos, deliberadamente, os rituais de luto –, mas na forma como deixamos cicatrizes quando sofremos uma ferida corporal.

Como veremos mais adiante, existem pelo menos três tipos de luto: o "luto relacional", que marca um relacionamento fragmentado; o luto pelos danos que sobrevêm à morte de um ente

---

158. Cf. BONANNO, G. A. *The other side of sadness*: What the new science of bereavement tells us about life after loss. Nova York: Basic Books, 2009, p. 34.

159. BARTHES, R. *Mourning diary:* 26 de outubro de 1977-15 de setembro de 1979. Nova York: Hill & Wang, 2010, p. 122.

160. Sobre a prevalência do riso no luto, cf. BONANNO, G. A. *The other side of sadness*: What the new science of bereavement tells us about life after loss. Nova York: Basic Books, 2009, p. 38-39.

161. Sobre o caráter dinâmico do luto, cf. GOLDIE, P. Grief: a narrative account. *Ratio,* v. 24, n. 2, p. 119-137, 2011. Como emergirá, no entanto, não creio que seja útil conceber a temporalidade do luto como tendo começo, meio e fim.

querido e o luto pela pura perda de vidas. Essas formas de luto podem interagir e coincidir, mas não são a mesma coisa. Cada um deles dói de maneiras diferentes e cada um diz algo diferente sobre o amor.

A fluidez e a polifonia do luto tornam difícil discutir sobre ele. É arriscado generalizar com base na própria experiência. Eu fiquei impressionado com isso quando li o célebre livro de memórias de Joan Didion, *The year of magical thinking* [O ano do pensamento mágico], que registra a perplexidade que ela sentiu após a morte do marido. Perto do fim do livro, Didion escreve, como se fosse para todos:

> O luto acaba sendo um lugar que nenhum de nós conhece até chegarmos a ele. Nós poderíamos esperar que, se a morte fosse repentina, sentíssemos um choque. Não esperamos que esse choque seja destrutivo, atingindo tanto o corpo quanto a mente. Na versão do luto que imaginamos, o modelo será a "cura". Certo movimento para a frente prevalecerá... Nem podemos saber antecipadamente, e aqui reside o cerne da diferença entre o sofrimento tal como o imaginamos e o sofrimento tal como é, a ausência interminável que se segue, o vazio, o exato oposto do significado, a sucessão implacável de momentos durante os quais enfrentaremos a própria experiência da falta de sentido[162].

O poder dessa passagem reside, em parte, em colocar as palavras de Didion em nossas bocas, mas, embora "nós" estejamos

---

162. DIDION, J. *The year of magical thinking*. Nova York: Vintage, 2005, p. 188-189.

inseridos em sua concepção de luto, esta pode não refletir a nossa. Eu posso falar por mim mesmo: quando penso na morte da minha esposa, acho difícil imaginar como a minha vida poderia seguir em frente. Eu espero o vazio (más notícias: minha ansiedade é preditiva. Em um estudo longitudinal com pessoas idosas, "aquelas que anteriormente haviam revelado esse tipo de dependência emocional sofreram, de fato, complicadas reações de luto")[163].

Como você provavelmente pode perceber, eu reluto em escrever sobre o luto, prever ou prescrever para outras pessoas. Ao contrário da solidão, que eu conheço em primeira mão, eu mesmo ainda não experimentei um luto muito profundo. Para muitos, a primeira experiência de luto é com a morte dos avós, mas eu não conheci os meus avós por parte de pai, sequer sei seus nomes, nem quando ou como morreram. Meu avô materno já havia morrido quando eu nasci e minha avó materna sofria de demência. Eu mal me lembro dela e meus pais me pouparam de seu velório, um erro, em minha opinião. O mais próximo que cheguei do luto foi ver minha mãe navegar pela escuridão da Doença de Alzheimer, mas ela ainda está viva.

Para obter conhecimento, eu recorro às ciências sociais. Durante os últimos trinta anos, os psicólogos têm feito progressos substanciais na compreensão do luto. Entre suas descobertas está a de que a noção freudiana de "trabalho do luto"[164] como

---

163. BONANNO, G. A. *The other side of sadness*: What the new science of bereavement tells us about life after loss. Nova York: Basic Books, 2009, p. 103.

164. *Ibid.*, p. 15-20.

uma luta árdua, mas necessária, contra a perda não é apoiada por provas. A ideia outrora convencional de que "é preciso falar sobre isso" corre o risco de ser extremamente contraproducente. Em geral, diferentes estudos mostram que ser forçado a "relatar" eventos traumáticos logo após esses terem acontecido tem efeitos negativos sobre a saúde mental e física que podem durar anos, assentando memórias dolorosas que, de outra forma, o sistema imunitário emocional suprimiria[165]. Também não há provas de que o luto venha em fases previsíveis[166], muitas vezes representadas graficamente em cinco etapas simples: negação, raiva, barganha, depressão e aceitação. De acordo com George A. Bonanno, pesquisador pioneiro sobre o luto, este não ocorre em etapas, mas em ondas: "O luto é essencialmente uma reação de estresse. E, como qualquer reação de estresse, não é uniforme nem estático. A dor implacável seria avassaladora. O luto é tolerável, na verdade, apenas porque vem e vai em uma espécie de oscilação"[167].

Não deveria surpreender, portanto, que alguns dos documentos mais confiáveis sobre o luto sejam fragmentários, não lineares, episódicos. *Mourning diary* [Diário de um luto], de Roland Barthes, foi rabiscado ao longo de meses em folhas de

---

165. *Ibid.*, p. 107-108.

166. *Ibid.*, p. 21-22. O modelo de cinco fases copia Kübler-Ross no processo pelo qual os doentes terminais confrontam sua própria mortalidade. C KÜBLER-ROSS, E. *On death & dying*. Nova York: Scribner, 1969.

167. BONANNO, G. A. *The other side of sadness*: What the new science of bereavement tells us about life after loss. Nova York: Basic Books, 2009, p. 40.

papel soltas[168]. No mínimo tão comovente quanto, para mim, é o diário da escritora francesa Annie Ernaux sobre a Doença de Alzheimer de sua mãe, escrito "às pressas, no alvoroço de minhas emoções, sem pensar ou tentar organizar meus pensamentos"[169]. Assim como o luto, os registros são, de alguma forma, repetitivos e imprevisíveis.

Talvez a tentativa mais interessante de capturar o luto em prosa seja a do romancista experimental britânico B.S. Johson, que cometeu suicídio aos 40 anos. Publicado em 1969, quatro anos antes de sua morte, *The unfortunates* [Os desafortunados] é um livro em uma caixa[170]: são 27 livretos para serem lidos em qualquer ordem, menos o "Primeiro" e o "Último". Seu narrador é um jornalista designado para cobrir uma partida de futebol em uma cidade que conhecera sete anos antes, ao visitar um velho amigo, Tony, que depois morreu de câncer metastático. A visita desperta lembranças em ordem aleatória, espalhadas pelos acontecimentos do dia. Conforme manda o acaso, ele é incapaz de se esquivar de uma imagem que aparece em capítulos sucessivos – a boca de Tony, talvez, "pálida e deformada em torno de ossos salientes" – ou, se a ordem for diferente, a imagem retorna muito mais tarde, como uma cadência. No capítulo mais longo, o narrador transforma uma partida de futebol aleatória em quinhentas palavras de sentido narrativo. Nos dois

168. BARTHES, R. *Mourning diary:* 26 de outubro de 1977-15 de setembro de 1979. Nova York: Hill & Wang, 2010, p. 9.

169. ERNAUX, A. *I remain in darkness.* Nova York: Seven Stories Press, 1999, p. 10.

170. JOHNSON, B. S. *The unfortunates.* Londres: Panther Books, 1969.

capítulos mais curtos, ele chega atrasado ao velório de Tony e descobre que Tony morrera – o último em um único parágrafo que ocupa uma página em branco. O luto não tem uma ordem narrativa, o livro em uma caixa parece alertar; e qualquer superação é temporária. O luto pode ser revivido e reorganizado continuamente.

O que podemos dizer diante da complexidade do luto, da sua resistência à narração? De acordo com uma longa tradição da filosofia ocidental, a resposta é que o luto é uma patologia, um problema a ser resolvido. No entanto, o luto não é um erro e a filosofia não deveria menosprezá-lo.

APESAR DA RIVALIDADE, escolas beligerantes da Grécia e da Roma antigas – acadêmicas, epicuristas, céticas, estoicas – concordavam em uma coisa: o sofrimento não é bom[171]. Epiteto, um romano estoico que nasceu na escravidão, deu instruções bruscas:

> Com relação a tudo o que lhe causa prazer, ou que lhe é útil, ou de que você gosta, lembre-se de continuar dizendo a si mesmo que tipo de coisa é, começando pelas mais insignificantes. Se você gosta de um vaso, diga: "Eu gosto desse vaso" e, então, se ele quebrar, você não ficará chateado. Se você beijar seu filho ou sua esposa, diga a si mesmo que é um ser humano que você está beijando e, então, se um deles morrer, você não ficará chateado[172].

---

171. Para uma visão geral, cf. LABARGE, S. How (and maybe why) to grieve like an ancient philosopher. *Oxford Studies in Ancient Philosophy*, v. suplementar, 2012, p. 321-342.

172. EPITETO, *Handbook, discourses, fragments, handbook*. Oxford: Oxford University Press, 2014, p. 288.

Bom saber! Claro que não é tão fácil assim, nem mesmo para Epiteto. Todavia, ele acreditava que, se realmente soubéssemos que aquilo que amamos é perecível, se pudéssemos viver essa verdade, poderíamos ser mais espertos que o luto. "Ai de mim, minha querida amiga morreu!" "Bem, o que você esperava? Que ela vivesse para sempre?", Epiteto pergunta. Porém, você poderia esperar, ou desejar, que ela vivesse mais um ano. Não é isso que queremos, via de regra, para cônjuges, familiares, amigos? É doloroso quando a morte frustra esse desejo.

O estoicismo nasceu na Grécia antiga no século IV a.C.; então, 400 anos depois era a ideologia não oficial da classe dominante romana. A popularidade do pensamento estoico, tanto na época quanto agora, depende, em grande parte, de seus sábios conselhos para lidar com as adversidades[173]. Isso vai além de derrotar a dor, é uma promessa de felicidade perfeita: o segredo da autoajuda. Como reconheceram os estoicos, existem duas maneiras de evitar a frustração do desejo: uma é manter fixos seus desejos e mudar o mundo para satisfazê-los, a outra é alterar seus desejos para se encaixarem no mundo tal como ele é. Quando o primeiro caminho não está aberto, porque você não pode mudar o mundo, e você quer que sua esposa ou seu filho estejam vivos, mas eles estão mortos, você ainda tem o segundo caminho. Um axioma fundamental da filosofia estoica, repetido *ad nauseam* no "Manual" de Epiteto, é que devemos abolir

---

173. Para versões contemporâneas, cf. IRVINE, W. *A guide to the good life:* the ancient art of stoic joy. Oxford: Oxford University Press, 2008. • PIGLIUCCI, M. *How to be a stoic.* Nova York: Basic Books, 2017.

tanto a aversão quanto o desejo por aquilo que está fora do nosso controle. Concentre-se no que você pode mudar, desapegue-se de todo o resto. "Se você não quer ser livre", afirma Epiteto, "o fato de estar escravizado não arruinará a sua vida".

Se esta conclusão o deixa nervoso, você não está sozinho. Ao revisar uma nova edição de Epiteto em 1868, o romancista Henry James imaginou, alarmado, como sua máxima de serenidade sob a escravidão soaria no Sul pré-Guerra Civil. Apesar de todo seu apelo, o axioma estoico é perverso[174]. É verdade: não adianta tentar o impossível, e não devemos nos culpar por aquilo que está fora do nosso controle. Entretanto, ir além disso não nos preocupando com as coisas que não podemos mudar, semelhantemente às uvas azedas: se não posso ter isso, então não quero[175]. A atitude estoica pode aliviar a nossa dor, mas o faz nos distanciando das coisas que realmente importam. Basta pensar naqueles que estão condicionados a se adaptar à opressão, como quando os prisioneiros e as esposas, espancadas, já não querem a liberdade que lhes foi negada[176]. Não adianta responder, como fazem muitos estoicos, que a liberdade aqui é um "indiferente preferido": algo a ser desejado, mas apenas com indiferença, pois não é irracional se enfurecer contra a opressão –

174. Cf. BLUM, B. *The self-help compulsion*: searching for advice in modern literature. Nova York: Columbia University Press, 2020, p. 225-226.

175. Cf. ELSTER, J. *Sour grapes*: studies in the subversion of rationality. Cambridge: Cambridge University Press, 1983.

176. Cf. NUSSBAUM, M. Symposium on Amartya Sen's philosophy: 5 adaptive preferences and women's options. *Economics & Philosophy*, v. 17, n. 1, p. 67-88, 2001.

como acontece com a morte da esposa ou de um filho. Embora o luto traga dor, ela faz parte da vida: é inseparável do amor.

Na verdade, existe um abismo entre a visão de mundo do antigo estoicismo e a de seus recentes imitadores. Para os estoicos gregos e romanos, a indiferença pelo que está fora do nosso controle resulta de uma visão do Cosmos como divinamente ordenado[177]: o mundo tem uma mente própria – para a qual "Zeus" é um nome –, e sua intervenção garante que o que parece ruim é para o bem. Em outras palavras, baseia-se em uma teodiceia, não em um clichê sobre o desejo[178]. Se você acredita que Zeus está do seu lado, entendo por que pode se reconciliar com o que não pode controlar. Caso contrário, adaptar o que você deseja ao que pode conseguir deve parecer mais petulante do que sábio. Como Virginia Woolf advertiu: "Nunca finja que não vale a pena ter as coisas que você não tem"[179].

Se existe algum consolo na filosofia, ele não derivará de matar a dor, mas de saber como sofrer da maneira que deveríamos. O luto tem seus motivos: as muitas formas de perdas que lamentamos, verdades que merecem nosso luto. Mesmo que nos concentremos nas pessoas que perdemos – adiando o "luto cli-

177. COOPER, J. M. *Pursuits of wisdom*: six ways of life in ancient philosophy from Socrates to Plotinus. Princeton: Princeton University Press, 2012, cap. 4.

178. Este fato é enfatizado por Carlos Fraenkel em sua crítica a Pigliucci: FRAENKEL, C. Can stoicism make us happy? *The Nation*, 5 fev. 2019. Disponível em: https://www.thenation.com/article/archive/massimo-pigliucci-modern-stoicism-book-review/

179. WOOLF, V. *The diary of virginia woolf.* v. 2: 1920-1924. Nova York: Harcourt Brace & Company, 1978, p. 221.

mático" e o luto pela injustiça do mundo –, o nosso luto é multifacetado: não ficamos de luto apenas pelos mortos. O objetivo é viver o luto de forma adequada, não extinguir a dor.

Eu fui apresentado ao luto aos quinze anos, quando minha primeira namorada, Jules, terminou comigo. Fazia uns seis meses que estávamos juntos e ainda não havíamos chegado muito longe. Beijar foi estritamente bem racionado por Jules "para não ficarmos entediados com isso." Acho que ela havia vivenciado alguns relacionamentos ruins com outros garotos e, em termos comparativos, eu era inofensivo. Porém, eu não sabia como falar com ela e fiquei irritado e com ciúmes desde o início. Quando a Jules se cansou disso, ela terminou comigo e eu fiquei meio enlouquecido. Embora pareça mundano, olhando em retrospectiva, eu achei o término incompreensível. Por quê? Por quê? Por quê? Eu ligava para ela sem parar, exigindo respostas. Jules se recusava a se justificar. Ela parou de atender. Eu continuei ligando. Finalmente, eu superei isso. O evento catártico foi ficar com a melhor amiga dela, cujo nome não me lembro, em uma festa que não consigo lembrar. Ela disse à Jules que eu era um inútil; em minha defesa, eu tinha experiência limitada.

A questão é que, além da dor causada pelo luto, que pode ser o que primeiro vem à mente, existe o luto pelo abandono. "A sua essência morre quando um amor se vai", escreveu o narrador pouco confiável do romance *The sea, the sea* [O mar, o mar], de Iris Murdoch[180]. Ele está se enganando e, aos quinze anos,

---

180. MURDOCH, I. *The sea, the sea.* Londres: Chatto & Windus, 1978, p. 84.

também me enganei. Eu sabia que amaria Jules para sempre e que nunca mais amaria outra pessoa. Estava apenas parcialmente errado.

Podemos aprender muito com a comparação entre o luto romântico e o luto mortal. O luto romântico tem a ver com a morte de um relacionamento, não de outra pessoa. É o que eu chamo de "luto relacional". Quando Jules terminou comigo, não foi por ela que eu sofri, mas por mim (ela estava melhor sem mim). Outras formas de luto relacional dependem de outros relacionamentos, familiares ou amigáveis, e têm características próprias. Ao mesmo tempo, o luto pode ser quase totalmente não relacional, como quando lamentamos por aqueles que nunca conhecemos.

Em *Baseball life advice* [Conselhos sobre a vida no beisebol], a autora canadense Stacey May Fowles lamenta a morte do arremessador do Miami Marlins, José Fernández, em um acidente de barco que tirou sua vida aos 24 anos: "Não existe um roteiro ideal para lidar com o tipo de luto inexplicável que surge com a morte de alguém que não conhecíamos"[181]. Também não existe um roteiro ideal para lidar com o luto pela morte em massa de desconhecidos em uma pandemia que está fora de nosso controle. Na maioria das vezes, o luto é relacional (dirigido a um relacionamento) e não relacional (dirigido à pessoa que amamos) – como no caso da morte de um amigo próximo, cônjuge, pai ou filho.

---

181. FOWLES, S. M. *Baseball life advice*: loving the game that saved me. Toronto: McClelland & Stewart, 2017, p. 224.

Essas distinções são importantes porque refutam uma das cobranças feitas em virtude de um luto, às vezes, até mesmo pelo enlutado: o que é uma forma de autoindulgência. O livro de Didion começa com o que poderíamos chamar de verso livre:

> A vida muda rapidamente.
> A vida muda em um instante.
> Você se senta para jantar e a vida como você a conhece acaba.
> A questão da autopiedade[182].

A autopiedade é o primeiro pensamento de Didion, depois dos fatos. Mas, embora a autopiedade possa fazer parte do luto, não lamentamos apenas por nós mesmos: lamentamos pelos mortos e pelo que eles perderam. O luto não é fraqueza, mas um símbolo de amor persistente.

Nem mesmo o luto que envolve um relacionamento é exatamente egocêntrico. Se minha esposa morresse, eu me preocuparia comigo mesmo: como eu vou lidar com a solidão ou encarar sozinho os aspectos práticos da paternidade e da vida diária? (a questão da autopiedade). No entanto, eu também sofreria por ela e por tudo o que ela já não poderia ser e ficaria de luto por *nós*, pela perda do que temos juntos. Muito do que eu faço que importa é o que *nós* fazemos, que seria impossível sem ela. Mesmo após meu término com a Jules, o que valorizei, e perdi, não foi apenas alguém com quem passar bons momentos ou a afirmação que reside em ser amado, mas meu relacionamento com *ela*. Eu posso ter interpretado mal o significado desse relacionamento, mas não se tratava apenas de mim.

---

182. DIDION, J. *The year of magical thinking*. Nova York: Vintage, 2005, p. 3.

Quando o luto é relacional, como quase sempre é, encarar bem o luto consiste em trabalhar a mudança pela qual o relacionamento passa. Mudança, isso mesmo, não o fim. Em um ensaio sobre a morte de amigos na velhice, o filósofo americano Samuel Scheffler apresentou um vocabulário irônico para relacionamentos que não são mais ativos. Em relacionamentos "finalizados", como meu relacionamento com a Jules, o outro permanece vivo; em relacionamentos "arquivados", ele ou ela morreu[183]. Nem mesmo os relacionamentos finalizados terminaram totalmente: eu tenho uma relação com a Jules diferente da que tenho com estranhos. Eu diria que ainda a amo, como se ama um amigo que não se vê há anos.

O argumento de Scheffler é que as relações arquivadas também não acabaram: elas continuam a exercer certa influência em nossas vidas; impõem-nos exigências que somos obrigados a cumprir, exigências de reverência e respeito. Temos uma relação com os mortos, mesmo que essa relação deva mudar. Em quase todos os relatos de luto que eu já li, os enlutados têm uma estranha sensação da presença contínua da pessoa que perderam. "É isso o que aqueles que não superaram o luto muitas vezes não conseguem compreender", escreveu o romancista Julian Barnes em um ensaio sobre sua esposa; "o fato de alguém estar morto pode significar que não esteja vivo, mas não significa que não exista." Em certo sentido, sim; em outro, não. "Eu falo com ela

---

183. SCHEFFLER, S. Aging as a normative phenomenon. *Journal of the American Philosophical Association*, v. 2, n. 4, p. 505-522, 2016.

constantemente", ele continua. "Isso parece tão normal quanto necessário"[184].

Ao viver um luto por um relacionamento, é preciso caminhar no limite entre um desejo desesperado de que o relacionamento continue exatamente como era – que os mortos existam exatamente como existiram – e uma alienação desesperadora em que se tenta esquecer completamente o relacionamento. Pode ser difícil saber exatamente onde a pessoa está. Quando seu filho morreu repentinamente, a poetisa Denise Riley escreveu sobre os conflitos temporais do luto:

> Sempre que preciso dizer a alguém que "meu filho morreu", ainda me parece uma mentira autodramatizante. Insípida. Ou é um ato de deslealdade para com ele, pois eu não sinto que ele está morto, sinto que simplesmente está "ausente". Mesmo que ele fique ausente pelo resto da minha vida[185].

O risco é que manter um relacionamento com os mortos, por assim dizer, à distância, afasta a pessoa do engajamento com a vida diária[186]. Para Riley, o tempo parou. "De que forma", ela perguntou, "algum dia voltaremos a nos conectar com o mundo?"[187] Ainda, o custo da recuperação pode parecer "intoleravelmente

184. BARNES, J. The loss of depth. *In*: BARNES, J. *Levels of life*. Nova York: Vintage, 2013, p. 111.

185. RILEY, D. Time lived, without its flow. *In:* RILEY, D. *Say something back; time lived, without its flow.* Nova York: New York Review Books, 2020, p. 69-124.

186. Sobre este ponto, cf. SCHEFFLER, *Aging as a normative phenomenon*, p. 514-518.

187. RILEY, D. O*p. cit.,* p. 100.

alto": "Os mortos deixam de existir quando percebemos que os deixamos involuntariamente para trás em sua atemporalidade... Você não teria desejado esta segunda, e agora última, perda"[188].

Para viver o luto de forma adequada, é preciso superar este dilema: abandonar os mortos e ser desleal ou se agarrar a eles como eram e sofrer. O caminho, por mais difícil que seja, consiste em aceitar que o relacionamento deve mudar sem admitir que acabou. Em um discurso memorável, o filósofo Palle Yourgrau repreende os autores que dedicam seus livros à memória dos mortos: "Foi sua mãe quem lhe ensinou a amar a música, não as lembranças de sua mãe; foi seu pai quem primeiro o levou a uma leitura de poesia, não as lembranças de seu pai... O que poderia ser mais diferente de um pai *morto* que uma memória *viva*?"[189] Deveríamos dedicar livros aos próprios mortos, não às nossas memórias deles. Um fato da metafísica – os mortos não são irreais; ainda podemos falar deles, ter relacionamentos com eles – facilmente perdido entre a bruma do luto.

Eu não tenho nenhuma guia sobre como alterar o relacionamento com os mortos – ou, aliás, com os vivos quando eles partem. Cada relacionamento é particular, tem seu próprio mundo, e não há espaço para generalizações. Nem nada do que eu disse tem o propósito de ser uma cura. O que eu quero dizer é que não é necessário haver deslealdade ou traição na

---

188. RILEY, D. Time lived, without its flow. *In:* RILEY, D. *Say something back; time lived, without its flow.* Nova York: New York Review Books, 2020, p. 121.

189. YOURGRAU, P. *Death and nonexistence.* Oxford: Oxford University Press, 2019, p. 49.

aceitação da mudança. Pode-se fazer coisas para homenagear os mortos, sozinho ou na companhia de outros, mas não se pode fazer coisas *com* eles. Isso não é abandono, assim como ninguém abandona um filho quando faz menos por ele à medida que ele cresce, nem trai os pais ao cuidar deles quando antes cuidavam de você. Porém, às vezes é isso que parece.

Ao refletir sobre a morte da esposa, C. S. Lewis chamou o luto de

> parte universal e integrante da nossa experiência de amor. Segue-se ao casamento tão normalmente quanto o casamento segue-se ao namoro ou como o outono segue-se ao verão. Não se trata de um truncamento do processo, mas de uma de suas fases; não a interrupção da dança, mas a próxima figura[190].

É mais difícil assumir essa atitude com relação à morte de um filho do que de cônjuges e amigos – ninguém espera ver os filhos morrerem. Entretanto, para encontrar uma maneira de superar o luto é preciso sustentar um relacionamento com base em novos termos. Isso nos causa dor, mas não é apenas doloroso. Aqueles que se recuperam bem do luto encontram prazer e conforto nas lembranças dos mortos amados[191]. Lewis escreveu: "Quanto mais alegria houver no casamento entre vivos e mortos, melhor. Melhor em todos os sentidos, pois, como eu descobri, o luto apaixonado não nos liga aos mortos; pelo

190. LEWIS, C. S. *A grief observed*. Londres: Faber & Faber, 1961, p. 50.

191. BONANNO, G. A. *The other side of sadness*: What the new science of bereavement tells us about life after loss. Nova York: Basic Books, 2009, p. 72-74.

contrário, separa-nos deles"[192]. É difícil de suportar o fato de que os mortos não podem ser felizes; pensar neles sem felicidade é ainda pior.

CHEGAMOS ATÉ AQUI ESTABELECENDO uma distinção. Existe o luto pela ruptura de um relacionamento e existe o luto pelos mortos, o que Barthes chamou de "luto puro, que nada tem a ver com mudança de vida, solidão etc. A marca, o vazio da relação amorosa"[193]. Lidar com o primeiro luto mantém o segundo luto intocado, mas aqui, mais uma vez, as escolas antigas concordam em uma coisa: a morte não faz mal a quem morre; por isso, não faz sentido viver o luto por eles[194].

Seria bom pensar que a morte é inofensiva e, portanto, não há nada a temer. Todavia, os argumentos para se chegar a essa conclusão são fracos, infelizmente. O hedonista Epicuro, um guru da autoajuda que criou um complexo para discípulos em Atenas chamado de "O jardim" em 306/307 a.C., argumentou que a morte não pode nos prejudicar, porque perdemos a consciência quando morremos e, portanto, não sentimos dor. "Portanto, a morte, o mais terrível dos males, não é nada para nós", continua ele, "já que, enquanto existirmos, a morte não estará conosco; mas, quando a morte chegar, então já não existiremos. Não diz respeito nem aos vivos nem aos mortos, uma

192. LEWIS, C. S., *Op. cit.*, p. 54.

193. BARTHES, R. *Mourning diary:* 26 de outubro de 1977-15 de setembro de 1979. Nova York: Hill & Wang, 2010, p. 40.

194. Cf. LABARGE, S. How (and maybe why) to grieve like an ancient philosopher. *Oxford Studies in Ancient Philosophy,* v. suplementar, 2012.

vez que, para os primeiros, não existe, e os últimos já não existem"[195]. Isso é sofisma. Embora a inexistência o salve de certos males – da dor, em particular –, você não precisa existir para ser excluído da vida. O dano da morte é o dano da privação, dos prazeres perdidos, dos relacionamentos desfeitos, dos projetos incompletos. Quando alguém morre, suas atividades são suprimidas (isso é verdade mesmo que alguém continue a existir em alguma forma espiritual: não é possível continuar a vida mortal). Somos prejudicados pela morte, porque seria melhor continuar a viver se pudéssemos viver bem. O luto pode registrar este dano: "Olhe o que *ela* perdeu, agora que perdeu a vida", escreveu Barnes sobre a morte de sua esposa. "Seu corpo, seu espírito, sua curiosidade radiante pela vida"[196].

Os danos da privação são reais: é ruim não conseguir o que seria prazeroso, mas não é tão simples assim, pois não sofremos quando somos privados de coisas boas que nenhum ser humano consegue. No meu livro *Midlife* [Meia-idade], eu escrevi sobre um amigo que queria ser o Super-homem[197]: mais rápido que uma bala, mais forte que uma locomotiva, capaz de saltar sobre os prédios mais altos com um simples pulo. Quem não gostaria disso? No entanto, eu o imaginei sofrendo, angustiado por seus

---

195. EPICURO. Letter to Menoeceus. *In:* HEIDEL, W. A. *Epicurus*: The extant remains with short critical apparatus. Oxford: Oxford University Press, 1926, p. 82-93.

196. BARNES, J. The loss of depth. *In:* BARNES, J. *Levels of life.* Nova York: Vintage, 2013, p. 85.

197. SETIYA, K. *Midlife*: A philosophical guide. Princeton: Princeton University Press, 2017, p. 118-119.

poderes meramente humanos, assim como nós, às vezes, ficamos angustiados diante da perspectiva da morte. Sua resposta parece desproporcional, irracional: não faz sentido chorar pela falta de capacidades que vão além da estrutura humana. Faz sentido, então, chorar pela nossa mortalidade, que pertence à condição humana? Por que lamentar por alguém que viveu até os noventa e tantos anos, assim como não lamentamos por nossa incapacidade de voar?

Quando um ente querido morre jovem, o que ele perde não é a vida de um super-humano, e sim uma vida comum. Deveríamos sentir tristeza por isso. É diferente quando uma pessoa morre na faixa dos noventa anos, em paz, depois de ter vivido muito bem. Isso não é um infortúnio: é o melhor que pode acontecer. Podemos ficar tristes por eles terem perdido mais, mas não deveríamos lamentar esse fato da mesma forma que lamentamos uma morte prematura. O luto quando um avô morre não é igual ao luto quando um filho morre. Ainda assim, sofremos. Para quê? Qual é o objeto do nosso luto, senão a privação de uma vida suficientemente boa? É o simples fato do esquecimento.

Assim como o luto se divide em luto pelo relacionamento e luto pelos mortos, o luto pelos mortos se divide entre o luto pelo dano causado pela morte – os anos que deveriam ter vivido – e luto pela pura perda da vida. Todas as três formas de luto são expressões de amor: valorizar um relacionamento, querer o melhor para quem você ama e valorizar sua existência. O amor, assim como a dor, é complexo.

Consigo sentir os neurônios da minha mãe morrendo à medida que ela definha. Lembro-me do verão em Cotswolds, quando ela começou a repetir o que os outros diziam, como se tivesse ocorrido espontaneamente. "A terra verde e agradável da Inglaterra", refletiu minha esposa, enquanto os campos passavam pela janela do banco do passageiro. Um minuto depois, minha mãe, no banco de trás: "Isso me lembra aquele poema, 'Jerusalém', nossa terra verde e agradável". Sempre achei esse poema sinistro. Ela foi diagnosticada com Alzheimer uns 12 meses depois, pareceu estável por vários anos e, então, começou a decair no Natal passado. É difícil dizer como está agora quando falo com ela por telefone. Ela ainda se lembra de mim, comenta o tempo e os passeios. Ela se lembra de onde está e de que sua memória está falhando, mas ela não sabe o que o dia lhe reserva ou o que acontecerá, nem consegue manter uma conversa. A vida dela se contraiu, encolheu. Meu pai, que já foi médico, cuida dela em tempo integral. Eu quero que ela viva, mas isso pode mudar em algum momento.

Eu tenho lido *I remain in darkness* [Eu permaneço na escuridão], de Annie Ernaux, um livro que leva o nome das últimas palavras que a mãe dela escreveu quando sofria de Alzheimer, antes de ser transferida para o hospital onde morreu. Ernaux escreve implacavelmente em notas privadas, que foram publicadas sem revisão uma década depois. O mês em que a mãe dela está hospitalizada: "Hoje de manhã, ela se levantou, e com uma voz tímida, disse: 'Eu molhei a cama, não consegui evitar.' As mesmas palavras que eu usava quando criança"[198]. Dez meses depois, a mãe dela percebe que não ia se recuperar. "Isso parte meu coração"[199], escreveu Ernaux. "Ela está viva, ainda tem desejos, planos para o futuro. Só o que ela quer é viver. Eu também preciso que ela continue viva". Mais ou menos um ano depois, menos de um mês antes de ela morrer, relatou Ernaux:

> Eu dou um pão doce a ela, ela não consegue comer sozinha, seus lábios sugam o ar descontroladamente. Neste momento, eu gostaria que ela estivesse morta e livre dessa terrível degradação. Seu corpo enrijece, ela se esforça para se levantar e um odor fétido preenche o ambiente. Ela acabou de fazer suas necessidades como um bebê recém-nascido depois de ser alimentado. Quanto horror e impotência![200]

Mesmo querendo a mãe morta, poupada da indignidade e do sofrimento, Ernaux é "dominada pela dor" quando a mãe morre[201]. "É isso. Sim, o tempo parou. Simplesmente é impossível imaginar a dor".

Não são palavras fáceis de ler, mas eu quero saber o que o futuro reserva. Para Ernaux, o amor se fragmenta: ela quer o melhor para a mãe, que "fique livre dessa degradação", portanto, que morra. No entanto, ela lamenta a morte da mãe, não apenas, penso eu, pela relação destruída, mas também pelo

198. ERNAUX, A. *I remain in darkness*. Nova York: Seven Stories Press, 1999, p. 19.

199. *Ibid.*, p. 39.

200. *Ibid.*, p. 70.

201. *Ibid.*, p. 71.

valor da vida de sua mãe – a dignidade afirmada pelo amor, que se extingue diante da morte. Encontramos esse valor na raiz da amizade. Está também na raiz do luto pela pura perda de vidas.

Existe uma espécie de conforto nesta desolação: nunca erramos ao viver um luto. Mesmo quando não há nenhuma relação a ser restaurada, nenhum infortúnio especial a ser lamentado, o amor regista um fato que nos diz como devemos sentirmo-nos: o fato de determinado ser humano já não existir. A infelicidade faz parte de viver bem, de enfrentar a verdade e reagir adequadamente. Se não sofrêssemos, não amaríamos.

ESSES FATOS DÃO ORIGEM a um quebra-cabeça que é tanto emocional quanto filosófico. Se o fato de um ente querido ter morrido é motivo de luto, esse fato é permanente. Ele nunca passará. Então deveríamos sofrer para sempre?

Felizmente, esse não é o caso para a maioria de nós. De acordo com pesquisas empíricas sobre o luto, mais da metade das pessoas que perdem um cônjuge ou filho/a são "emocionalmente resilientes" e se recuperam após dois ou três meses; outros se adaptam em um ano ou um ano e meio, apenas uma pequena proporção experimenta luto prolongado ou crônico[202]. Essas pessoas podem precisar de terapia de exposição ou terapia cognitivo-comportamental.

---

202. BONANNO, G. A. *The other side of sadness*: What the new science of bereavement tells us about life after loss. Nova York: Basic Books, 2009, p. 6-8, 70, 96. •BONANNO, G. A *et al*. Resilience to loss in bereaved spouses, bereaved parents, and bereaved gay men. *Journal of Personal and Social Psychology*, v. 88, n. 5, p. 827-843, 2005.

Por um lado, as notícias são boas: "A maioria das pessoas enlutadas melhora por conta própria, sem qualquer tipo de ajuda profissional"[203], escreve o psicólogo George Bonanno. "Elas podem ficar profundamente tristes, podem se sentir perdidas por algum tempo, mas sua existência acaba encontrando seu rumo novamente, muitas vezes, com mais facilidade do que pensavam que seria possível". Por outro lado, isso é perturbador. Será que nossa resiliência significa que não valorizamos mais a vida da pessoa que perdemos? Ou será que nunca a valorizamos? Dois meses após a morte da mãe, Roland Barthes se perguntou: "Ser capaz de viver sem uma pessoa que você amava significa que você a amava menos do que pensava?"[204] O filósofo Berislav Marušić ecoa as palavras de Barthes em um comovente ensaio sobre o luto:

> Eu fiquei surpreso que, apenas algumas semanas após a morte da minha mãe, pudesse levar minha vida mais ou menos exatamente como levava antes da morte dela: Eu quase não perdi o ritmo!... A dor pareceu desaparecer quase completamente... No luto, parecia que minha tristeza continuaria enquanto a morte dela fosse motivo de luto; isto é, enquanto ela continuasse a ser importante para mim... Quando esperamos pela diminuição do luto, parece que, com o tempo, não nos importaremos mais com a nossa perda[205].

203. BONANNO, G. A. *The other side of sadness*: What the new science of bereavement tells us about life after loss. Nova York: Basic Books, 2009, p. 24.

204. BARTHES, R. *Mourning diary*: 26 de outubro de 1977-15 de setembro de 1979. Nova York: Hill & Wang, 2010, p. 68.

205. MARUŠIĆ, B. Do reasons expire? An essay on grief. *Philosophers' Imprint*, v. 18, 2018, p. 1-21. Cf. tb. MOLLER, D. Love and death. *Journal of Philosophy*, v. 104, p. 301-316, 2007.

Podemos não querer sofrer para sempre, mas não queremos isso. Não queremos deixar de amar os mortos, de nos preocupar com eles, de estimar sua perda pelo que ela realmente significa. Se a razão do luto é que uma pessoa que amamos morreu, e ela continua morta, por que deveríamos parar de sofrer? O fato de uma pessoa estar morta há anos ou de estarmos de luto há meses não diminui a perda. A inexistência dos mortos permanece tão absoluta quanto sempre. Como podemos fazer as pazes com o fato de que a dor diminui?

Assim como outras emoções, o luto é uma resposta a motivos: fatos que parecem justificar o sentimento. A raiva evita insultos ou injúrias, o medo é uma resposta às ameaças potenciais e a dor representa a perda. A perplexidade diante do abrandamento do luto se baseia na premissa de que apenas as razões determinam o que devemos sentir: que a forma como faz sentido sofrer é determinada pelos fatos aos quais o nosso luto responde. Se isso fosse verdade, nunca deveríamos deixar de sofrer por aqueles que morreram, mas não é assim que o luto funciona. À medida que o tempo passa, o luto se modifica, não porque as razões tenham mudado – não reagimos de acordo com a duração do nosso luto, como se disséssemos: "Agora, que um ano se passou, não importa tanto que ela esteja morta" –, mas porque o luto é algo que assumimos, com o tempo, como parte da vida humana. Não é um estado emocional, e sim um processo emocional, cuja forma não é determinada pelas razões às quais responde.

O luto não é único. O mesmo vale para o amor[206]. O amor cresce e se aprofunda com o tempo: o que era carinho pode se tornar um vínculo de décadas. Embora isso não seja inevitável, e nem sempre seja bom quando acontece, esse processo faz todo o sentido. Mas por quê? O fato de termos amado alguém por mais um ano é outra razão para amar, como se dedicar tempo tornasse uma pessoa mais merecedora do nosso amor? Não. Não é que, ao amar alguém, prestemos atenção aos fatos da história do amor, acompanhando sua duração nas nossas vidas e ajustando, consequentemente, nossos afetos (nosso foco está direcionado para fora, para aqueles que amamos, não para nossa própria experiência). É que o amor, assim como o luto, é um processo emocional, não um estado. A evolução do amor é parte inerente dele.

Isso significa que há uma maneira pela qual a diminuição da dor e o aumento do amor sempre parecerão ininteligíveis por dentro[207]. Podem ser entendidas como fases do curso da emoção humana, mas não respondem às mudanças no objeto de amor ou luto. Os mortos permanecem mortos e, nem o tempo, nem as lágrimas, vão mudar isso, mesmo que tornem mais fácil de suportar. Eu penso que é a indefinição das razões

---

206. Ao pensar por meio do amor, estou em dívida com Patrick Quinn White: WHITE, P. Q. *Love First*. 2019, p. 160s. Tese (Doutorado em Linguística) – Massachusetts Institute of Technology, Boston. Disponível em: dspace.mit.edu/handle/1721.1/124091

207. Cf. MARUŠIĆ, B. Do reasons expire? An essay on grief. *Philosophers' Imprint*, v. 18, 2018, p. 17-18. Ele exagera o paradoxo ao se apegar à equação entre o que faz sentido e aquilo que temos razão para sentir.

para a diminuição do sofrimento que torna os rituais de luto tão essenciais. As práticas pelas quais processamos o luto, em privado e em público, preenchem a lacuna deixada pelas razões.

Um dos primeiros velórios a que eu assisti foi no meu primeiro ano como professor na Universidade de Pitsburgo. Rob Clifton, um querido filósofo da física, morreu de câncer de cólon aos 38 anos. Eu me lembro perfeitamente de duas coisas em seu velório, um serviço religioso cristão na Igreja da Ascensão em Oakland, perto da secular Catedral da Aprendizagem da Universidade de Pitsburgo. A primeira foi uma nota que Rob deixou para ser lida em voz alta, expressando uma alegria jocosa por ter forçado seus colegas ateus a comparecer a uma cerimônia religiosa. A segunda foi a comunidade que visivelmente cercava sua esposa e seus filhos enlutados: a classe da escola dominical, as famílias unidas por algo mais do que uma simples amizade. Conforme confirmam as pesquisas, a resiliência no luto está correlacionada com o apoio social[208], bem como com a flexibilidade pessoal e financeira. Contudo, havia mais que isso. O que eu invejava era o ar de saber o que fazer quando alguém morre, de saber estruturar os dias que, de outra forma, seriam sem rumo.

Cada cultura traça seu mapa do terreno pelo qual tropeçamos, incertos, no luto. Existe a tradição judaica de fazer o shivá, que consiste em viver o luto na companhia de amigos durante sete dias. Em Daomé, na África Ocidental, celebram a vida dos

---

208. BONANNO, G. A. *The other side of sadness*: What the new science of bereavement tells us about life after loss. Nova York: Basic Books, 2009, p. 75-76.

falecidos com bebidas, danças, cantos e piadas pesadas. Os saramakas, no Suriname, realizam "ritos de separação" comunitários que culminam com a troca de contos populares fantásticos, alegorias da condição humana[209]. Na China, o legado do politeísmo sobrevive em ritos que emulam o enterro dos reis ao lado de seus criados e seus bens com o uso de réplicas de papel[210]; a prática é mais importante do que a crença. No Ocidente, a regulamentação do luto remonta, pelo menos, à antiguidade clássica. O historiador David Konstan cita uma lei funerária da Roma antiga que determinava o seguinte: "Pais e filhos com mais de seis anos podem ficar de luto por um ano; crianças com menos de seis anos, por um mês. Um marido pode ficar de luto por dez meses; parentes próximos, por oito meses. Quem não respeitar essas restrições será humilhado publicamente"[211].

Konstan especula que Aristóteles – que é o único entre os filósofos antigos que não condenam o luto – omite isso de sua teoria da emoção em seu livro *Retórica*, porque, ao contrário da raiva ou do medo, não tem uma resolução natural[212]. Diante da raiva, a pessoa vinga ou aceita o insulto ou a injúria; diante do medo, a pessoa foge ou enfrenta uma ameaça potencial. E ponto-final. O luto não é assim, pelo menos quando se trata da

209. *Ibid.*, p.163-164.

210. BONANNO, G. A. *The other side of sadness*: What the new science of bereavement tells us about life after loss. Nova York: Basic Books, 2009, p. 171-174.

211. KONSTAN, D., *The emotions of the ancient greeks.* Toronto: University of Toronto Press, 2006, p. 252.

212. *Ibid.*, p. 247, 253.

perda de vidas. Não há nada que se possa fazer para extinguir os motivos do luto, a não ser trazer a pessoa amada de volta à vida. É por isso que precisamos de práticas de luto e da orientação que elas fornecem. Com o mapa em mãos, navegamos pelo que a razão não é capaz de fazer.

Durante grande parte da história ocidental, não apenas o luto, mas também a própria morte, foram ritualizados. Havia convenções para morrer em casa com familiares, amigos e vizinhos. As crianças eram incluídas nos rituais, que eram, ao mesmo tempo, rotineiros e profundamente sérios. A morte se tornou mais privada durante o século XIX[213]. Segundo o antropólogo Geoffrey Gorer, uma nova mudança ocorreu durante a Primeira Guerra Mundial, quando os rituais de luto foram derrotados pelo número de mortos[214]. No fim do século XX, a morte fora de casa – em um hospital ou um hospício – tornou-se a norma; morrer é um processo supervisionado por médicos e enfermeiros. Eu não estou aqui para julgar essas mudanças, apenas para expor um problema que muitos enfrentam, que é a relativa ausência de práticas sociais significativas por meio das quais vivenciar o luto. Nós recebemos apenas estruturas esqueléticas de luto e temos que construir o corpo por nós mesmos.

Com o amor, é parecido. À medida que as convenções da trama do casamento perdem autoridade, menos pessoas sentem

---

213. Este parágrafo se baseia em ARIÈS, P. *Western attitudes toward death*: from the Middle Ages to the present. Baltimore: Johns Hopkins University Press, 1974.

214. GORER, G. *Death, grief, and mourning in contemporary Britain*. Nova York: Doubleday, 1965.

necessidade de se casar, e aquelas que decidem se casar são livres para criar seus próprios rituais. Eu não menosprezo isso, eu mesmo já o fiz, mas acho que algo se perdeu: a inteligibilidade pronta para uso que a tradição oferece. Quando minha esposa e eu nos casamos, tivemos dificuldade em encontrar um celebrante. A primeira pessoa a quem consultamos era um apresentador de um programa de rádio evangélico (longa história). Ele não queria participar de uma cerimônia "pagã". A separação foi basicamente amigável e totalmente de mútuo acordo. Alertados, começamos a procurar alguém que tivesse comprometimento e flexibilidade. Encontramos Bob Epps, um ministro aposentado do campus da Universidade de Indiana (o casamento aconteceria na casa da minha sogra, em Bloomington). Nosso encontro com Bob foi reconfortante. Era um homem plácido que já tinha visto de tudo. Inclinando-se sobre a mesa em nossa direção, ele fez uma pirâmide com as mãos e expôs suas poucas ressalvas: ele ficaria feliz em fazer o que quiséssemos, mas nada de animais ou drogas *durante* a cerimônia. Estávamos dispostos a concordar com isso. Por fim, chegamos ao ponto crítico: não seria como um casamento para mim, eu disse a ele, a menos que usássemos o Livro de Oração Comum, mas eu não queria que "Deus" estivesse lá. "Quer você o mencione ou não", Bob sorriu bondosamente: "Deus estará lá". Parecia verdade.

Quando eu penso no luto pela minha mãe ou, Deus me livre, pela minha esposa ou pelo meu filho, o que eu quero é o equivalente a isto: eu reconheço tanto da tradição quanto sou capaz de aceitar. O luto não é naturalmente narrativo. Ele chega em um caos de ondas e flutuações, indeterminadas pela razão. Não é de admirar que encontremos conforto na duvidosa teoria dos estágios, mas o que precisamos não é de uma teoria, é de uma prática. As convenções do luto dão uma estrutura ao processo, que, de outra forma, não teria. Elas tornam bem mais compreensível a possibilidade de viver um luto.

Enquanto eu escrevia este livro, em janeiro de 2021, meu sogro morreu repentinamente de um aparente ataque cardíaco. Edward Gubar era descontraído, leal, inteligente e intelectualmente onívoro, um escritor e jornalista ocasional que lecionava no Honors College da Universidade de Indiana. Ele amava seus estudantes, o pôquer e a política progressista, e transformou suas ânsias de jogar em uma atividade secundária frutífera em criptomoedas. Não o víamos desde o início da pandemia e sua morte ainda parece irreal. As semanas após sua morte foram de muita atividade para minha esposa, Marah; sua irmã, Simone; e a companheira de Edward, Christine, tudo complicado pela covid-19. Somente Christine pôde estar lá pessoalmente e teve que lidar com uma logística confusa.

O luto foi interrompido pela distância. Fizemos o *SHIVÁ* pelo Zoom, mas a desencarnação torna difícil medir a perda de um ser humano concreto – e impossível compartilhar o conforto de um abraço. Enquanto isso, o planejamento do velório pelo Zoom, tentando localizar amigos e familiares perdidos, pareceu colocar o luto de Marah em "modo de espera". O evento em si foi algo para ser apreciado, apesar das ocasionais falhas de áudio: uma comunhão de amigos e familiares distantes que não teria acontecido em tempos normais, suscitando histórias sobre Edward desde o jardim de infância até o ensino médio, seus tempos como motorista de táxi em Nova York e como técnico do time de softbol de Marah, seu dom ilimitado para sair e se divertir, ficar por tempo indeterminado em restaurantes depois de terminar de comer ou conversar por telefone. Alguns contaram anedotas engraçadas, outros choraram: a polifonia da tristeza se manifestou. Depois, quando assistimos à gravação, vimos que alguns amigos tinham ficado conectados, compartilhando memórias, quando partimos. Permaneceram conectados em homenagem a Edward.

Foi só depois do velório que Marah realmente chorou, tendo altos e baixos. Ela é visitada pelos fantasmas dos telefonemas de domingo que ela não fará. Porém, para ela, é difícil sentir que Edward realmente se foi, pois ele esteve presente virtualmente por meses. Sua dor está em modo suspenso. É mais difícil para os outros. A pandemia transformou não apenas o luto, mas também os próprios rituais da morte. Os pacientes foram forçados a morrer sozinhos, observados pelos seus entes queridos em telas de computadores. Existe um grande volume de tristeza suspenso. Mesmo antes da covid-19, para muitos, os rituais de luto eram frágeis ou vagos, de forma que limitavam sua eficácia: não sabemos muito bem o que fazer quando alguém morre.

Viver o luto quando os rituais estão ausentes ou interrompidos exige improvisação. É preciso se apoiar muito mais na lógica do luto relacional, mudando o relacionamento com os mortos de forma a honrar sua existência. Privados de rituais familiares quando Edward morreu, fomos obrigados a inventar nossos próprios rituais. Assistimos ao basquete universitário feminino – o Indiana Hoosiers no torneio da NCAA – pela primeira vez em anos e conversamos sobre o amor de Edward pelos esportes universitários. Naquele que seria seu aniversário, compramos um bilhete de loteria em sua memória, e perdemos. De forma mais duradoura, Marah prometeu manter contato mais próximo com amigos distantes, inspirada pelo dom de Edward para a amizade. Em uma de suas microficções cristalinas, a escritora Lydia Davis perguntou: "Como devo viver o luto por eles?" e respondeu com mais perguntas: "Devo manter a casa arrumada, como L.?" "Devo guardar muito rancor, como B.?" "Devo usar apenas preto e branco, como M.?"[215] Cabe àqueles que sofrem fazer essas perguntas a si mesmos e encontrar maneiras de viver o luto de tal forma que rememore a vida dos perdidos. Essas formas pessoais de viver o luto têm mais peso quando as formas impessoais estão fora de alcance.

Nem a tradição, nem a prática são um antídoto para o luto. Nossa situação pode ser mais difícil sem um ritual, mas nunca é fácil. Mesmo durante o processo de cura, a cicatriz da perda pode se abrir novamente. O luto não tem uma solução permanente: existe uma ambivalência perpétua. "Pois aqui vai a pergunta final, atormentadora e sem resposta", escreve Julian Barnes: "O que é 'sucesso' no luto? Ele reside na lembrança ou no esquecimento? Em ficar parado ou seguir em frente? Na ca-

---

215. DAVIS, L. How shall I mourn them? *The collected stories of Lydia Davis*. Nova York: Picador, 2009, p. 697-699.

pacidade de manter o amor perdido em mente, relembrando-o sem distorcê-lo?"[216] Às vezes, uma pergunta não tem resposta não porque é difícil saber a resposta, mas porque a pergunta pressupõe algo falso. A premissa, aqui, é que podemos ter sucesso ou falhar no luto de uma vez por todas, mas o desejo de encerramento da narrativa está em desacordo com o bem-estar do luto. Embora as convenções do luto forneçam estrutura a ele, não é uma estrutura com começo, meio e fim. É um mapa para o período mais difícil do luto, que leva a um terreno desconhecido, mas habitável. Se a vida é uma história, lembra-nos o luto: ela não tem um final feliz. Talvez não seja uma história, no fim das contas.

216. BARNES, J. The loss of depth. *Levels of life.* Nova York: Vintage, 2013, p. 125-126.

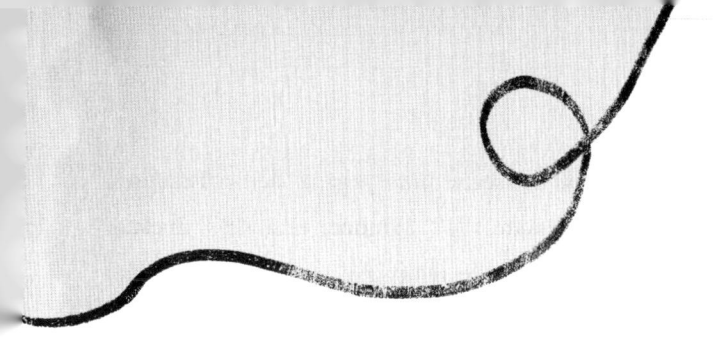

4

Fracasso

O fracasso é uma coisa esplêndida. Fracassamos no trabalho, no amor e nas nossas obrigações uns com os outros, mas existe uma dignidade especial no caso daqueles que fracassam nos esportes. Em nenhum lugar, o fracasso é mais bem definido, mais irrefutável. Frequentemente, os esportes constituem um espaço de pressão sobre os jovens em que eles podem aprender a lidar com o fracasso e a superá-lo com garbo e elegância. No entanto, são o lar dos momentos mais incuravelmente catastróficos de inadequação e erro.

Consideremos o beisebol, um esporte que é, ao mesmo tempo, filosoficamente estrondoso e linguisticamente bem amplo[217]. Aqui encontramos "Merkle's Boner": em 1908, Fred Merkle do New York Giants não consegue tocar a segunda base e é eliminado por Johnny Evers no que teria sido uma rebatida vencedora em um jogo decisivo. Também temos o "Snodgrass

217. SETIYA, K. *Going deep*: baseball and philosophy. Public Books, 23 out. 2017. Disponível em: www.publicbooks.org/going-deep-baseball-and-philosophy

Muff": Fred Snodgrass consegue uma pegada fácil, custando aos Giants a World Series, em 1912. Também, temos Bill Buckner, atingido pela "Maldição do Bambino", o quase século de frustração supostamente causado pela venda do contrato de Babe Ruth pelo Boston Red Sox, em 1918. Então, 68 anos depois, uma bola rasteira fácil passa pelas pernas de Buckner e os Red Sox perdem o campeonato para o New York Mets. Talvez o maior fracasso de todos seja o de Ralph Branca, que desiste do "arremesso ouvido no mundo todo": o *home run* de Bobby Thomson que leva à vitória em um jogo crucial dos *playoffs* para o New York Giants, enviando-os – e não os Brooklyn Dodgers – para a Série Mundial de 1951.

Como viver com um fracasso irrefutável? É uma pergunta para todos, mesmo que seja mais nítida e profunda para alguns. Projetos valiosos, mas frustrados ou esquecidos, são endêmicos na vida. "Se nos lembrássemos de apenas uma fração dos nossos milhões de pequenos planos"[218], escreve o poeta-aforista James Richardson, "toda a nossa vida seria um arrependimento pelo nosso fracasso". É possível encontrar conforto na enorme quantidade de projetos que deram errado. Em um autodenominado "livro de consolo", o crítico social britânico Joe Moran nos presenteia com narrativas de grandes e pequenos fracassos, culminando com um artista "que não aprendeu com seus fracassos nem desejava aprender"[219], que completou poucos quadros

218. RICHARDSON, J. *Vectors*: aphorisms & ten-second essays. Keene: Ausable Press, 2001, p. 91.

219. MORAN, J. *If you should fail*: a book of solace. Londres: Viking, 2020, p. 148-149.

e cujo afresco mais famoso começou a descascar antes de ele morrer, resultado de uma experiência fracassada. O artista foi Leonardo da Vinci.

O fracasso é normalmente mais mundano. Quando os planos dos meus filhos falham, adoram ouvir sobre os meus fracassos: fiascos românticos, reprovações em provas, derrotas atléticas. Um favorito em particular: quando saí do estacionamento após fracassar nas duas primeiras vezes em que fiz meu exame de direção, quando a mãe deles estava grávida de nove meses. Só consegui levá-la ao hospital para dar à luz, porque ela estava no carro comigo, cumprindo os termos da minha licença de aprendizagem. Passei no exame de direção na terceira vez, na companhia do meu sogro, confuso, mas solidário. Ele me distraiu do nervosismo com seus próprios fracassos, como quando o carro dele ficou travado em marcha à ré, e ele teve que levar uma moça com quem estava saindo para casa dirigindo de marcha à ré.

Não há muito em jogo em fracassos como esses. Em outros, o mundo vira de cabeça para baixo – ou não. Um dos grandes estudos sobre o fracasso social é *The experience of defeat* [A experiência da derrota] conduzido pelo historiador britânico Christopher Hill[220]. A execução do rei Carlos I em 1649, no auge da Guerra Civil Inglesa, abriu perspectivas para a social-democracia que antes eram impensáveis. Os Levellers pressionaram pela redistribuição da riqueza e pela ampliação dos direitos dos pobres. Os Diggers, mais incisivos, liderados por Gerrard Winstanley, abraçaram o comunismo dois séculos antes

220. HILL, C. *The experience of defeat.* Londres: Verso Books, 1984.

de Marx. Winstanley proclamou a Terra como "o tesouro comum de todos" e iniciou uma experiência de utopismo prático, cultivando os terrenos baldios de St. George's Hill, Surrey e nas proximidades de Cobham Heath, sem reivindicação de propriedade, em nome de qualquer pessoa necessitada. Winstanley esperava que outros fizessem o mesmo, que os proprietários de terras perdessem seus criados, fossem forçados a se juntar à sua comunidade *ad hoc* e que a propriedade privada simplesmente desaparecesse. Não foi o que aconteceu. Os Diggers foram esmagados pelos proprietários de terras locais, que os processaram judicialmente e queimaram as casas que eles construíram nas terras comuns. Uma visão radical do futuro fracassou com eles.

O fracasso é tão prodigioso, tão multiforme, tão difundido, que é impossível fazer um levantamento abrangente. Nesse sentido, este capítulo está fadado ao fracasso. Ele se concentra no fracasso pessoal – o fracasso em atingir fins ou metas que são importantes para a pessoa – deixando de lado os fracassos moral e social (eles ressurgirão à medida que prosseguirmos). É no fracasso pessoal que você corre o risco de definir sua vida, tornando-se um perdedor. Essa definição acontece, refinada e purificada, em grandes momentos de fracasso esportivo.

Como é ser sinônimo de "fracasso"? E o que isso nos diz sobre os fracassos comuns de nossas vidas? Após desistir do "arremesso ouvido no mundo todo", Ralph Branca encarou seu destino com poucos protestos durante 50 anos. Qualquer pessoa que soubesse alguma coisa sobre ele sabia que ele lançou a bola rápida de Thomson; muitos não sabiam mais nada. Em *The echoing green* [O verde ecoante], o jornalista Joshua Prager desata o nó que une Branca e Thomson[221]. O que ele conta não é uma história de redenção, de fracasso eliminado, pois é tarde demais para isso. Ao contrário, aprendemos o que sabíamos o tempo todo: o que mais havia na vida de Branca e de Thomson do que o momento que os conecta. Prager interrompe a temporada pouco antes dos *playoffs* para narrar, em sincronia, suas vidas anteriores: a enorme e feliz família de Branca, o irmão solidário de Thomson e o pai taciturno. O intervalo ocupa um quinto do livro. O jogo final em si é pausado quando Thomson entra na área do batedor, antes do arremesso – o *swing* – a chamada de Russ Hodges: "Os Giants ganham a flâmula! Os Giants ganham a flâmula!" – para começar o dia: "O arremessador e o rebatedor acordaram naquela manhã às 7h30min na casa dos pais", escreve Prager[222]. "Ambos comeram ovos preparados por sua mãe; Thomson, com bacon; e Branca, com presunto."

A vida de ninguém pode ser reduzida a um evento, um empreendimento ou uma ambição. Cada vida é feita de fatos, e fatos, e fatos. Nem há qualquer destino a ser identificado nas coisas que acontecem. Conforme revivemos a temporada, a rebatida, vemos como as coisas poderiam ser diferentes, a mera contingência do fracasso e do sucesso. Mais do que isso, vemos como é tentador e perigoso contar as histórias das nossas vidas como se tivessem alguma teleologia oculta, conduzindo--nos para fins predestinados. Prager luta contra a inércia da re-

221. PRAGER, J. *The echoing green*: the untold story of Bobby Thomson, Ralph Branca, and the shot heard round the world. Nova York: Vintage, 2006.
222. *Ibid.* p. 215.

trospecção que vê cada episódio como o que iria acontecer o tempo todo. Ele contesta isso na estrutura do seu livro – recorrendo à vida dos seus protagonistas em desvios que suspendem a sequência de acontecimentos – e na estrutura das suas frases, que explodem ou invertem sintaxes esperadas, como se quisessem sair do tempo. Desde as primeiras páginas:

> Assim, um dedo sangrento e um apêndice inflamado agora reuniram Durocher – o técnico dos Giants – e Horace Stoneham – seu proprietário – na sede do clube do campo central do New York. Durocher era desagradável; desde o início, instruía seu arremessador a acertar os rebatedores adversários... e a consequência mais aceita de sua nova proficiência foi superar o New York[223].

Existem dezenas de outras coisas assim ao longo do livro: verbos, preposições, orações subordinadas espalhados pelas frases para surpreender o leitor. Nunca se sabe como tudo vai acabar.

O jogo de Prager com sua forma coloca o fracasso em perspectiva. "O mito fundamental do fracasso é que a culpa é nossa"[224], escreve Joe Moran. Podemos ser culpados pelo fracasso, mas o caos da contingência na vida – o arremesso que cai ou não, a bola que desliza pela ponta dos dedos – nos lembra que o controle nunca é absoluto e, muitas vezes, é limitado. Além disso, quaisquer que sejam seus erros, há mais em você do que os fracassos que eles explicam, mais do que qualquer projeto que você realize. A tendência de ignorar isso, ou obscurecê-lo, depende da forma como narramos a nossa vida, reduzida a mo-

---

223. *Ibid.*, p. 7, 11, 13.

224. MORAN, J. *If you should fail*: a book of solace. Londres: Viking, 2020, p. 4.

mentos cruciais, e dos tipos de narrativa que somos encorajados a apresentar. A experiência do fracasso e as histórias que contamos sobre nós mesmos estão tão intimamente ligadas umas às outras quanto as vidas de Branca e Thomson. Para aliviar o domínio do fracasso, precisamos perguntar até que ponto a vida é, ou não, uma narrativa.

A IDEIA DE QUE NARRAMOS nossas vidas para nós mesmos e que fazer isso faz parte de levar uma boa vida é tão corriqueira, que seu crítico mais veemente, o filósofo Galen Strawson, descreve-a como "uma falácia da nossa época"[225]. Ele cita uma lista impressionante de defensores, incluindo o neurologista e escritor Oliver Sacks ("Cada um de nós constrói e vive uma 'narrativa', e esta narrativa *somos* nós")[226], o psicólogo Jerome Bruner ("Nós *nos tornamos* as narrativas autobiográficas por meio das quais 'contamos' nossas vidas")[227] e uma série de assassinos de grandes sucessos filosóficos[228]: Alasdair MacIntyre, Daniel Dennett, Charles Taylor e Paul Ricoeur. Para Taylor, uma "con-

---

225. STRAWSON, G. A fallacy of our age. *Things that bother me*: death, freedom, the self etc. Nova York: The New York Review of Books, 2018. O ensaio é uma revisão mais acessível do clássico STRAWSON, G. Against narrativity. *Ratio*, v. 17, n. 4, p. 428-452, 2004.

226. SACKS, O. *The man who mistook his wife for a hat.* Nova York: Touchstone, 1985, p. 110.

227. BRUNER, J. Life as narrative. *Social Research*, v. 5, n. 1, p. 11-32.

228. MACINTYRE, A. *After virtue.* South Bend: Notre Dame University Press, 1981. • DENNETT, D. Why everyone is a novelist. *Times Literary Supplement*, 16 set. 1988. • TAYLOR, C. *The sources of the self.* Cambridge: Harvard University Press, 1989. • RICOEUR, P. *Oneself as another.* Chicago: University of Chicago Press, 1992.

dição básica para darmos sentido a nós mesmos é que compreendamos nossas vidas em uma narrativa, como uma história que se desenrola"[229]. Para Dennett,

> somos todos romancistas virtuosos e nos encontramos envolvidos em todos os tipos de comportamentos, mais ou menos unificados, e tentamos sempre dar a eles as melhores "caras" que podemos. Tentamos fazer que todo o nosso material seja coerente em uma única boa história. E essa história é a nossa autobiografia[230].

Parece atraente, de certa forma. Quem não acha que tem um livro de memórias brilhante? Porém, a questão não é retórica: muitos de nós não pensamos assim e muitos dos restantes estão se enganando. "Não tenho absolutamente nenhuma noção da minha vida como uma narrativa com forma, ou mesmo como uma narrativa sem forma", escreve Strawson[231]. Ainda assim, parece que ele vive muito bem.

A biografia de Strawson é um estudo de caso útil. O pai dele era Peter Frederick Strawson, "professor *waynflete*" de Filosofia Metafísica, em Oxford, um dos filósofos mais eminentes do fim do século XX. Peter Frederick Strawson é conhecido por sua defesa humana da liberdade e da responsabilidade e por uma concep-

229. TAYLOR, C. *The sources of the self.* Cambridge: Harvard University Press, 1989, p. 47.

230. DENNETT, D. Why everyone is a novelist. *Times Literary Supplement*, 16 set. 1988.

231. STRAWSON, G. A fallacy of our age. *Things that bother me*: Death, freedom, the self etc. Nova York: The New York Review of Books, 2018, p. 51.

ção de nós mesmos como seres fundamentalmente encarnados[232]. Seu filho Galen foi precoce, dominado desde os quatro anos de idade por enigmas do infinito e da morte[233]. Após pegar um desvio e se matricular em Estudos Islâmicos em Cambridge, Galen Strawson foi para Oxford para estudar filosofia, tornando-se um conhecido autor e professor. Pelo que ele é famoso? Por um ataque estridente à possibilidade de liberdade e responsabilidade e por insistir em nossa autointrospecção como algo distinto dos seres humanos que carregam os nossos nomes.

A ironia é perfeita: Galen Strawson, crítico ferrenho de *Life as narrative* [Vida como narrativa], vive uma das histórias mais antigas do livro: a versão filosófica de "matar o pai". Podemos usar essa ironia para separar três elementos na "vida como narrativa" e para nos livrarmos, um pouco, das garras do fracasso. O primeiro elemento é a conjectura, bem formulada por Strawson[234], de que somos obrigados a "narrar" a nós mesmos, apresentando as nossas vidas como um todo narrativo coerente. Os outros elementos são éticos: que uma vida boa deve formar uma narrativa coerente e que deve ser aquela cujo sujeito conte essa narrativa para si mesmo. O próprio exemplo de Strawson separa

---

232. Cf. STRAWSON, P. F. Freedom and resentment. *Annals of the Britain Academy*, v. 48, p. 187-211, 1962. •STRAWSON, P. F. *Individuals*. Londres: Routledge, 1959.

233. STRAWSON, G. Introduction. *Things that bother me*: Death, freedom, the self etc. Nova York: New York Review of Books, 2018, p. 13.

234. STRAWSON, G. The unstoried life. *Things that bother me:* Death, freedom, the self etc. Nova York: New York Review of Books, 2018, p. 178: "Eu não acho que todo mundo fale sobre si mesmo e não acho que isso seja sempre uma coisa boa".

os dois últimos elementos. A vida dele pode ser contada como uma narrativa, mais ou menos, mas eu sei, por trocar correspondências com ele, que a história não é contada por Strawson. Se confiarmos em seu testemunho, ele não conta a própria história. Strawson é uma exceção à conjectura psicológica de que somos obrigados a contar as nossas vidas em forma de narrativa. Se a vida dele é boa, ele mostra que o tema de uma vida boa não precisa contar sua história – mesmo que haja uma história para ser contada.

Agora, um exemplo é apenas isso. Todavia, há muito mais. Como eu, você pode ser um deles, vivendo dia após dia e ano após ano sem muito senso de direção narrativa. Strawson cita antepassados ilustres, entre eles, Iris Murdoch e o pioneiro do ensaio pessoal, Michel de Montaigne[235]. A esses, podemos acrescentar Bill Veeck, que serviu no exército, administrou clubes de beisebol, até o fracasso e o sucesso, e lutou para integrar a Liga Americana[236]. Todos os três tiveram vidas repletas de coisas a fazer que valiam a pena, algumas delas excepcionalmente bem, juntamente com erros, desorientações e guinadas. Isso é suficiente para uma vida boa, sem a necessidade de uma história que una tudo. Ver a vida como um arco narrativo, rumo a um clímax que pode ou não ser atingido, pressupõe vê-la como um fracasso potencial, mas não é preciso viver assim.

---

235. STRAWSON, G. A fallacy of our age. *Things that bother me*: Death, freedom, the self etc. Nova York: The New York Review of Books, 2018, p. 50.

236. Cf. VEECK, B.; LINN, E. *Veeck as in wreck*: The autobiography of Bill Veeck. Nova York: Putnam, 1962.

Basta pensar em Murdoch[237], que estudou clássicos, trabalhou no serviço civil na Segunda Guerra Mundial, foi filósofa durante dez anos e depois deixou de ser romancista a tempo completo. Durante o tempo todo, ela foi pansexual e poliamorosa, apesar de seu longo casamento com John Bayley, professor de inglês em Oxford. Houve muitos sentimentos feridos. Murdoch escreveu 26 romances em 41 anos, mas, embora isso contribua para a consistência, até certo ponto, não significa uma direção. Ela mudou como romancista, tentou coisas diferentes, mas não houve um padrão de evolução – exceto que os romances ficaram mais longos, até o fim. Eles não melhoraram. Não sou o único que pensa que seu maior sucesso foi *Under the net* [Sob a rede], que foi também seu primeiro livro[238]. Nem se pode dizer que as duas carreiras de Murdoch, como filósofa e romancista, fundiram-se de forma grata. Ela resistiu – penso que com razão – a qualquer indefinição dos limites entre seu trabalho, muitas vezes difícil, em filosofia, e às "inúmeras intenções e encantos" da ficção[239]. Não é que a vida de Murdoch fosse incoerente – embora a rede de seus romances não seja fácil de desvendar –, mas não tinham o tipo de estrutura narrativa que os proponentes de "vida como narrativa" aprovam, o tipo que tem "um agente, uma ação, um objetivo, um cenário, um

237. Meu relato da biografia de Murdoch foi extraído de CONRADI, P. J. *Iris Murdoch:* a life. Nova York: Norton, 2001.

238. MURDOCH, I. *Under the net.* Londres: Chatto & Windus, 1954.

239. MURDOCH, I. Literature and philosophy: a conversation with Bryan Magee. *In:* CONRADI, P. J. (ed.). *Existentialists and Mystics*: Writings on Philosophy and Literature. Londres: Chatto & Windus, 1997, p. 4.

instrumento e um problema"[240]. Nem Murdoch parece ter pensado de outra forma. Contudo, como eu disse no capítulo 1, acho que ela viveu bastante bem. Na visão de "vida como narrativa", uma boa vida deve formar uma história coerente e linear, contada pelo sujeito a si mesmo. Murdoch é uma exceção a isso, assim como Strawson, Montaigne e Veeck.

À luz desses exemplos, você pode se perguntar por que essa opinião é tão amplamente defendida. Acho que a resposta depende da abertura amorfa da narrativa. Uma pergunta que agora está ultrapassada: afinal, o que os defensores da "vida como narrativa" querem dizer com "narrativa"? Gravitam em torno de histórias da forma mais simples e linear. "Durante séculos, houve um caminho pela ficção que provavelmente seguiríamos – um caminho que na verdade nos disseram que seguíssemos", escreve a crítica e escritora Jane Alison em *Meander, spiral, explode* [Serpentear, espiralar, explodir], "e este é o arco dramático: surge uma situação, fica tensa, atinge um clímax, desaparece". É nesses termos que a "vida como narrativa" é estruturada; são eles que lhe dão substância. A alegação é que você deve, e o faz, aspirar a contar a história da sua vida como um arco único e integrado, "algo que cresce e se tensiona até o clímax" ("Um pouco masculino-sexual, não é?", brinca Alison)[241].

Como Alison observa, no entanto, a narração de histórias assume inúmeras formas, muitas delas não lineares. As histórias serpenteiam, espiralam, explodem e se ramificam ou se dividem

---

240. BRUNER, J. Life as narrative. *Social Research*, v. 5, n. 1, p. 18. Bruner se baseia em BURKE, K. *The grammar of motives*. Nova York: Prentice-Hall, 1945.
241. ALISON, J. *Meander, spiral, explode*. Nova York: Catapult, 2019, p. 6.

em células[242]. Pense nas pausas telescópicas e nas pré-histórias de Prager em "arremesso ouvido no mundo todo", os repetidos ziguezagues e falsos começos. Ou pense no romance de Nicholson Baker, *The mezzanine* [O mezanino], cujo enredo consiste em uma jornada de escada rolante na hora do almoço e cujo interesse reside em suas deliciosas digressões enquanto o narrador reflete sobre cadarços, canudos, desodorantes, mictórios, toalhas de papel, memórias de infância e as próprias escadas rolantes[243]. Há digressões dentro de digressões, notas de rodapé que se estendem por parágrafos ou até páginas completas, em uma obra-prima de narrativa que precisamente não leva a lugar nenhum.

Se "a vida como narrativa" significasse apenas que existe valor em ver a vida de alguém como uma história com uma ou mais dessas formas infinitamente diversas, seria bastante inofensivo. Daí seu ar de plausibilidade. Contudo, na prática, "vida como narrativa" significa uma necessidade de unidade e linearidade, de incidentes que conduzam a um clímax gratificante, vencido ou perdido; é isso que seus proponentes reivindicam. A perspectiva de histórias como as que acabei de contar enfraquece seu argumento principal: que contar a história da própria vida é um caminho para a autocompreensão e a autoformação[244]. Talvez seja. Entretanto, existem inúmeras maneiras de

242. Cf. ALISON, J. *Meander, spiral, explode.* Nova York: Catapult, 2019, p. 21-23.

243. BAKER, N. *The mezzanine.* Nova York: Grove Press, 1988.

244. Para este argumento, cf. DE BRES, H. Narrative and meaning in life. *Journal of Moral Philosophy,* v. 15, n. 5, p. 545-571, 2018, embora ela reconheça outros meios de inteligibilidade. Cf. tb. JAEGGI, R. *Alienation.* Nova York: Columbia University Press, 2014, sobre a nossa necessidade contínua de "nos apropriarmos de" ou assumir quem somos.

dar sentido a si mesmo, até mesmo por meio de histórias, sem imaginar o passar das décadas como uma busca. Por que não o "faça você mesmo", o estudo do personagem, o refrão?

Além do mais, há uma desvantagem na narrativa linear e unificada: é ao comprimir sua vida em um único tubo que você se prepara para o fracasso definitivo. Os projetos fracassam, e as pessoas fracassam neles. No entanto, passamos a falar como se uma pessoa pudesse ser um fracasso, como se o fracasso fosse uma identidade, não um acontecimento. Quando você define sua vida por meio de um único empreendimento, um arco narrativo, seu resultado definirá *você*.

É uma tendência que devemos combater. Qualquer que seja a história que você conte sobre si mesmo, por mais simples e direta que seja, há infinitamente mais coisas na sua vida real. Como Joe Moran insiste: "Chamar qualquer vida de fracasso, ou de sucesso, pressupõe perder a granularidade infinita, a miscelânea inesgotável de todas as vidas. Uma vida não pode realmente ter sucesso ou fracassar; só pode ser vivida"[245]. O narrador de *The mezzanine* [O mezanino] carrega uma cópia de *Meditations* [Meditações] de Marco Aurélio, o filósofo estoico que foi imperador de Roma. A certa altura, ele se lembra de uma frase que leu: "Observe, em suma, quão transitória e trivial é toda a vida mortal; ontem, uma gota de sêmen; amanhã, um punhado de especiarias e cinzas... Errado, errado, errado! Eu pensei. Destrutivo, inútil, equivocado e completamente falso!"[246] O que faz a vida do narrador valer a

---

245. MORAN, J. *If you should fail*: a book of solace. Londres: Viking, 2020, p. 146.

246. BAKER, N. *The mezzanine*. Nova York: Grove Press, 1988, p. 120.

pena não é uma grande narrativa, que vai da concepção ou do nascimento à morte inevitável; são os incontáveis pequenos pensamentos, ações e interações gentis e jocosas que ocupam dia após dia. Se você prestar atenção, Baker sugere que, em uma única hora de almoço, há o suficiente para encher um livro.

Quanto mais você aprecia a abundância de incidentes, mais você verá qualquer vida como uma variedade de pequenos sucessos e pequenos fracassos, e menos propenso você estará a dizer, desesperadamente: "Eu sou um perdedor!", ou a gritar uma bravata fora de lugar: "Sou um vencedor!" Não deixe que a atração do arco dramático o distraia da amplitude digressiva de estar vivo[247].

A questão é fácil de ser mal interpretada. Eu estou dizendo que você deveria renunciar à ambição e não se envolver em projetos que estruturarão décadas de sua vida? Que você deveria pensar pequeno, descontrair, relaxar? Não é isso que eu estou dizendo e seria um hipócrita se dissesse. Eu passei duas décadas da minha vida lutando pelo sucesso na academia. E não me arrependo disso. Do que me arrependo é de tratar minha vida como um projeto a ser concluído: primeiro, fazer um doutorado; depois, conseguir um emprego; estabilidade e promoção; dar aulas; publicar um artigo; um livro; depois, outro, e outro, e outro – com que propósito? A vida acumulava apenas mais conquistas e frustrações do passado, um mero acúmulo de ações, e o presente parecia vazio. É por isso que tive uma crise de meia-idade[248].

247. Para saber mais sobre isso, cf. SETIYA, K. *Midlife*: a philosophical guide. Princeton: Princeton University Press, 2017, cap. 3 e 4.

248. Cf. esp. SETIYA, K. *Midlife*: a philosophical guide. Princeton: Princeton University Press, 2017, cap. 6.

Não é inevitável. Ao refletir sobre as temporalidades da ação, é possível aprender como perseguir um projeto, mesmo o mais ambicioso, sem subverter a própria vida ou vê-la apenas sob o prisma do fracasso e do sucesso.

Alguns anos atrás, eu escrevi um artigo de opinião para o *The New York Times* sobre o problema de "viver no presente"[249]. Muitas vezes nos dizem que "aproveitemos o dia", mas seria extremamente irresponsável viver como se não houvesse amanhã. Essa é uma receita para a imprudência. O que fazer, então? Eu obtive uma resposta, na forma de uma visão positiva de viver no presente, que apelou às ideias de Aristóteles. Embora tivessem me advertido a não ler os comentários quando o artigo fosse publicado, eu fiquei curioso demais para resistir. O que encontrei foram budistas furiosos, possessos por eu citar Aristóteles, e não o budismo, para libertar o poder do agora. Minha primeira reação foi defensiva: quando você tem apenas mil palavras, não consegue dizer tudo. Não sou especialista em budismo e a relação entre a minha visão e a filosofia budista é complicada. Minha segunda reação foi que, se o budismo, para você, significa deixar comentários exasperados em artigos de opinião, talvez você não esteja agindo da forma adequada.

Minha concepção de viver no presente consiste em distinguir dois tipos de atividade. Por um lado, existem projetos a serem concluídos, atividades que apontam para um estado fi-

---

249. SETIYA, K. The problem of living in the present. *The New York Times*, 11 set. 2017.

nal de fracasso ou sucesso, mas também existem atividades que não concluímos, que não são definidas por um estado terminal, atividades nas quais não temos sucesso ou fracassamos. Ao nos concentrarmos neste último, podemos tornar as nossas vidas menos vulneráveis ao acaso.

Ideias semelhantes encontram expressão não apenas em Aristóteles, mas também na filosofia oriental, mais explicitamente no Bhagavad Gita, um livro hindu que data do século II a.C.:

> o motivo nunca deve estar nos frutos da ação,
> nem você deve se apegar à inação.
> Permanecendo no ioga, envolva-se em ações!
> Deixe de lado o apego e permita que a satisfação
> e a frustração sejam a mesma coisa[250].

Para explicar o que isso pode significar e por que não é exatamente budista, recorreremos a um dos meus romances favoritos: *The idiot* [O idiota], escrito por Fiódor Dostoiévski ao longo de um ano, começando em janeiro de 1868.

A história da escritura de *O idiota* não é acidental aqui[251]. Em dezembro de 1867, Dostoiévski destruiu o que haviam sido meses de trabalho de um projeto de romance sobre a conversão moral de um criminoso. Seu novo plano era escrever sobre "um homem perfeitamente lindo"[252] – o Príncipe Myshkin, seme-

---

250. PATTON, L. L. (ed.). *Bhagavad Gita*. Londres: Penguin, 2008, p. 29.

251. Cf. MORSON, G. S. Return to process: The unfolding of The Idiot. *New Literary History*, v. 40, n. 4, p. 843-865, 2009. O resto do parágrafo se baseia neste maravilhoso ensaio.

252. Dostoiévski, *apud* FRANK, J. *Dostoevsky*: the miraculous years, 1865-1871. Princeton: Princeton University Press, 1995, p. 271.

lhante a Cristo – jogando-o em mundo caótico e comprome-
tido da Rússia contemporânea. Ele enviou os primeiros cinco
capítulos ao seu editor no *The Russian Messenger* em 5 de janeiro, seguidos por mais dois, no dia 11, e continuou a escrever de
página em página sem um plano claro.

Como sabemos que ele não tinha um plano? Em parte, porque Dostoiévski diz isso em suas anotações; em parte, porque
ele incluiu a prova de sua indecisão no texto. Ideias-chaves são
introduzidas e depois esquecidas. Na parte um, é atribuído a
Myshkin o poder de ler o caráter das pessoas em sua caligrafia,
mas ele nunca passa a usá-lo. Dizem que, como é "inválido", não
pode se casar. Mesmo assim, ele se envolve romanticamente com
duas mulheres e quase se casa com uma delas. As últimas partes
de *O idiota* intercalam histórias de jornais que Dostoiévski leu
meses depois de começar a escrever. Não há como ele ter plane-
jado tais histórias – e ele quer que saibamos disso. O romance
é inconclusivo, imprevisível e, em última análise, sem sentido,
quanto a própria vida. No fim, até o narrador onisciente desiste:

> Duas semanas se passaram desde os acontecimentos narra-
> dos no último capítulo e a posição dos personagens da nos-
> sa história mudou tanto que é extremamente difícil conti-
> nuar sem explicações especiais. No entanto, sentimos que
> devemos nos limitar à simples exposição dos fatos, tanto
> quanto possível, sem explicações especiais, e por uma razão
> muito simples: porque nós mesmos, em muitos casos, te-
> mos dificuldade em explicar o que aconteceu[253].

Na leitura virtuosa de *O idiota* feita pelo crítico Gary Saul
Morson, o objetivo de Dostoiévski era escrever um romance que

---

253. DOSTOIÉVSKI, F. *O idiota*. Nova York: Vintage, 2001, p. 572-573.

não tivesse nenhuma estrutura orientadora[254]. Não há um arco linear, mas a história também não serpenteia, espirala, irradia ou se ramifica. Sua unidade é a unidade do caráter de Myshkin, um santo colocado entre os pecadores em situações que não têm um padrão ou plano. Myshkin não alimenta grandes ambições ou buscas urgentes. Simplesmente, tenta fazer o que é certo em qualquer circunstância que enfrente. Suas intenções geralmente fracassam: as coisas raramente saem como ele espera.

Apesar disso tudo, Myshkin vive – como Dostoiévski pretendia que vivesse – uma vida linda. Ele não é definido por seus muitos fracassos. Em vez disso, ele é definido por sua recusa em condenar os desprezados, por sua modéstia e veracidade infalíveis, por sua generosidade, por sua vontade de acreditar e esperar o melhor dos outros. As coisas não vão bem para ele. Myshkin é forçado a trair uma das mulheres que ama para salvar a outra, que o abandona no altar e é assassinada pelo homem a quem ela acode. Porém, a culpa é do mundo. Se Myshkin não consegue viver bem, ele reage da melhor maneira possível aos terríveis acontecimentos.

Se alguém chamasse Myshkin de "fracassado", não estaria exatamente errado, mas perderia o foco. Essa não é a maneira de pensar sobre a vida dele. Myshkin se preocupa tanto com sua luta para fazer o que é certo quanto com o resultado. Convenientemente, esse tema surge em uma digressão extravagante: um discurso de uma hora de Ippolit Teréntyev, um niilista que

---

254. Cf. MORSON, G. S. Return to process: The unfolding of The Idiot. *New Literary History*, v. 40, n. 4, p. 854.

está morrendo de tuberculose. Sua "confissão" depende da vida de Cristóvão Colombo:

> Oh, você pode ter certeza de que Colombo ficou feliz não quando descobriu a América, mas quando estava prestes a descobri-la; você pode ter certeza de que o momento mais alto de sua felicidade foi, talvez, exatamente três dias antes da descoberta do Novo Mundo, quando a tripulação, amotinada, para seu desespero, quase fez o navio dar meia-volta e retornar para a Europa! O Novo Mundo não é o ponto principal aqui, ele pode muito bem perecer... O ponto principal é a vida, apenas a vida – a descoberta dela, constante e eternamente, e de forma alguma a descoberta em si![255]

Encontramos o mesmo pensamento expressado na voz do próprio Dostoiévski, sete anos depois: "A felicidade não reside na felicidade, apenas na tentativa de alcançá-la"[256].

Eu diria: não a felicidade, mas viver bem, e não só, mas também. Certamente, o príncipe Myshkin se preocupa com os efeitos de suas ações, com o que ele realmente consegue, mas também se preocupa com o processo da tentativa de alcançá-lo – tanto com a jornada quanto com a chegada. Aqui há uma compreensão súbita que se situa entre o clichê e o paradoxo, que podemos tornar precisa com a ajuda de Aristóteles.

Em *Metafísica*, Aristóteles contrasta dois tipos de ação. Algumas são "incompletas", como aprender ou construir algo, pois,

255. DOSTOIÉVSKI, F. *O idiota*. Nova York: Vintage, 2001, p. 394.

256. DOSTOIÉVSKI, F. *A writer's diary* – V. 1 1873-1876. Evanston: Northwestern University Press, 1993, p. 335.

"se você está aprendendo, não aprendeu ao mesmo tempo", e se ainda está em processo de construção, a estrutura ainda não está construída. A conclusão chega mais tarde, se é que chega. Depois, há "aquele tipo de ação à qual... a conclusão pertence" – o que significa que nunca está incompleta. Um exemplo disso poderia ser: no momento em que você pensa em Aristóteles, já pensou nele[257].

Aristóteles chama a atividade do primeiro tipo de "cinese" e a do segundo tipo de "energia". Roubando o jargão da linguística, podemos dizer que construir uma casa e aprender o alfabeto são atividades "télicas": visam a estados terminais nos quais estão acabados e, portanto, esgotados ("télico" vem do termo grego *telos*, ou fim, a raiz da "teleologia")[258]. Caminhar para casa é télico: termina quando você chega em casa. O mesmo acontece com projetos como se casar ou ter um filho. Essas são coisas que você pode concluir. Outras atividades são "atélicas": não visam à finalização, ao estado final de sua consecução. Enquanto você caminha para casa, também caminha do mesmo modo que pode caminhar sem um destino específico. Essa é uma atividade atélica. O mesmo acontece com a paternidade, passar tempo com os amigos e ouvir música. Você pode parar de fazer essas coisas e, em algum momento, vai parar. Entretanto, você não pode exauri-las. Elas não têm limite, nenhum resultado cuja conquista coloque um fim nelas.

---

257. Aristotle. Metaphysics. *In*: KOSMAN, A. *The activity of being*: An essay on Aristotle's ontology. Cambridge: Harvard University Press, 2013, p. 40.

258. COMRIE, B. *Aspect*: An introduction to the study of verbal aspect and related problems. Cambridge: Cambridge University Press, 1976, § 2.2.

Estamos sempre envolvidos tanto em atividades télicas quanto atélicas. Estou escrevendo um livro sobre a condição humana – que espero terminar – e estou pensando em como a vida não é fácil, uma atividade que não tem fim. Você pode estar ensinando seu filho a amarrar o cadarço – esperando que ele entenda – mas você também o está educando. A questão não é qual das duas coisas você está fazendo, mas o que você valoriza. O argumento de Dostoiévski é que o valor reside nas atividades atélicas: no processo, não no projeto. É isso que o Bhagavad Gita parece dizer: "o motivo nunca deve estar nos frutos da ação", o que significa "não investir na conclusão das atividades télicas"; se valorizarmos apenas o processo, ainda assim agiremos, mas "a conclusão/a frustração serão as mesmas"[259]. Acho que isso vai longe demais: os resultados são importantes. Seu filho aprende a amarrar os próprios cadarços? O médico salva uma vida? Não faz diferença se a resposta é afirmativa ou negativa. Ainda assim, temos tendência a nos preocuparmos demais com as atividades télicas – com a conclusão dos projetos – e a perder o valor do processo. Quando fazemos isso, negamos o momento presente e nos preparamos para o fracasso.

Nas atividades télicas, a satisfação está sempre no futuro ou no passado. Seu propósito não foi alcançado, então acabou. Pior ainda, seu envolvimento com o que você valoriza é autodestrutivo. Quando você persegue um objetivo almejado, seu objetivo é ter sucesso e, assim, encerrar seu envolvimento com algo bom. É como se você tentasse destruir uma fonte de significado em sua vida. Entretanto, são projetos como esse que expõem você

259. PATTON, L. L. (ed.). *Bhagavad Gita*. Londres: Penguin, 2008, p. 29.

ao risco de fracassar. Você estraga a entrevista para o emprego dos seus sonhos, administra mal sua equipe, trai sua ambição.

Quando você valoriza o processo, sua relação com o presente e com o fracasso é bem diferente. Por não visarem a estados terminais, as atividades atélicas não são esgotáveis. Seu envolvimento com elas não as aniquila. Você pode parar de andar, de pensar ou de conversar com alguém que ama, mas não pode esgotar essas atividades, não deixar mais nada a ser feito. O outro lado da inesgotabilidade é expresso por Aristóteles quando ele insiste, talvez de forma confusa, na "completude" das atividades atélicas: "Ao mesmo tempo, alguém está vendo e viu, está compreendendo e compreendeu, está pensando e pensou". As atividades atélicas são concretizadas no presente, da mesma forma em que podem nunca ser concretizadas. Se você valoriza o pensamento e está fazendo exatamente isso, você tem o que valoriza agora. Nada do que você fez ou fará pode pôr isso em perigo.

O *insight* de Aristóteles foi que viver bem é atélico: "Mas, se você está aprendendo, não aprendeu ao mesmo tempo, e se você está sendo curado, não foi curado ao mesmo tempo. No entanto, alguém que vive bem viveu bem ao mesmo tempo"[260]. Esse é o caso de Myshkin, por exemplo, cujos fracassos são cobertos pelo fato de estar vivendo como deveria, independentemente dos resultados.

Deveríamos seguir Myshkin, protegendo-nos do fracasso por meio dos valores atélicos. Existem momentos da vida em que os projetos desempenham um papel secundário. Não pas-

---

260. Aristotle. Metaphysics. *In*: KOSMAN, A. *The activity of being*: An essay on Aristotle's ontology. Cambridge: Harvard University Press, 2013, p. 40.

samos tempo com aqueles que amamos para dividir o trabalho com mais eficiência enquanto cozinhamos, completamos um quebra-cabeça mais rapidamente ou assistimos a *Fleabag* na televisão. Cozinhamos, montamos quebra-cabeças e assistimos à televisão juntos como uma forma de passar tempo com aqueles que amamos. Porém, mesmo quando os projetos têm grande importância, como acontece frequentemente na educação e na vida profissional, na política e na sociedade, é provável que o processo também seja importante, desencadeado pelo fracasso ou pelo sucesso. Esse valor é fácil de perder.

No início de 1650, as esperanças dos Diggers de um futuro comunista fracassaram. Eles recuaram para Cobham Health, onde suas casas estavam sob ameaça de violência sancionada pelo Novo Exército Modelo. Colônias satélites foram estabelecidas em Midland e em Kent, mas sua sobrevivência era precária. Gerrard Winstanley viu o que estava escrito na parede. "E aqui termino", escreveu ele, "tendo colocado meu braço tanto quanto possível para fazer a justiça avançar; escrevi, agi, tenho paz; e agora devo esperar para ver o espírito fazer seu próprio trabalho no coração dos outros"[261]. Ele escreveu um último livro, *The law of freedom in a platform* [A lei da liberdade em uma plataforma], em que expôs sua visão para uma nova sociedade, depois viveu seus dias em paz. Winstanley pode ter estado "exausto e amargamente desiludido", nas palavras de Christopher Hill[262]:

---

261. *Apud* GURNEY, J. *Gerrard Winstanley*: The Digger's life and legacy. Londres: Pluto Press, 2012, p. 73.

262. HILL, C. *The experience of defeat*. Londres: Verso Books, 1984, p. 39.

um fracasso político. Ainda assim, gerações encontraram valor em sua tentativa fracassada, uma luta pela igualdade a partir do zero, celebrada pelos socialistas posteriores e homenageada em uma canção folclórica chamada *The world turned upside down* [O mundo de cabeça para baixo][263]. Após as eleições de 2016 nos EUA, eu ouvi obsessivamente o cantor de protesto britânico Billy Bragg, cujo *cover* da canção, resoluto e sonoro, foi a âncora da minha trilha sonora[264]. Independentemente do que Winstanley possa ter sentido, sua vida não foi um fracasso – não devido ao sucesso póstumo, mas porque existe dignidade no protesto e o protesto é atélico.

De formas menos exaltadas, o valor do processo pode nos proteger contra o fracasso. Basta procurá-lo em atividades atélicas que nos interessem ou que correspondam a projetos que o façam. Existe valor em refletir sobre as dificuldades da vida, mesmo que este livro nunca seja publicado; existe valor quando um médico luta para salvar uma vida, mesmo que o paciente morra. O seguro não é perfeito. Não há como eliminar o fracasso em todas as suas formas e não faz sentido fingir que os resultados não importam, mas podemos reformular a forma como vivemos nossas vidas para que nossos fracassos sejam menos centrais.

O alcance e os limites dessa mudança de orientação – e sua relação com a filosofia budista – são o tema de um filme clássico, a obra-prima de Bill Murray – dirigido e escrito por Harold

263. ROSSELSON, L; BAILEY, R. The world turned upside down. *That's not the way it's got to be.* Fuse Records, 1975.

264. BRAGG, B. The world turned upside down. *Between the wars EP.* Go! Records, 1985.

Ramis e Danny Rubin –, *Groundhog day* [Feitiço do tempo][265]. Para quem não conhece o enredo, o austero meteorologista Phil Connors – interpretado por Murray – é designado para cobrir o Dia da Marmota na cidade de Punxsutawney, na Pensilvânia. Todos os anos, no dia 2 de fevereiro, reza a lenda que a marmota Punxsutawney Phil prevê o tempo: o início da primavera ou mais seis semanas de inverno, dependendo de se ele vê ou não sua sombra. É tão fascinante quanto parece. Insatisfeito e ansioso para voltar para casa, Phil se vê preso em um *loop* temporal em que todo dia é o Dia da Marmota. Ele repete isso com variações: primeiro, confuso; depois, imprudente, maníaco, suicida; e, por fim, sereno. Quando Phil aprende a aceitar seu destino e a amar as pessoas ao seu redor, ele finalmente é libertado e um novo dia amanhece.

Os críticos concordam que o *Feitiço do tempo* é uma das grandes comédias filosóficas, embora não cheguem a um consenso sobre qual é sua filosofia. Pode ser entendido como uma meditação sobre o valor das atividades atélicas. Phil pode agir, mas nada do que ele faz é realmente feito: suas ações não produzem mudanças duradouras. São apagadas conforme o dia se repete. Sua vida é um teste à orientação atélica? O processo por si só pode tornar a vida humana boa? Mas, se for um teste, não é justo. Todos os tipos de atividades atélicas estão indisponíveis para Phil. Ele não pode passar tempo com amigos fora de Punxsutawney, se é que os tem, nem pode explorar o mundo mais amplo. Esses fatos nos lembram que, embora as atividades

---

265. GROUNDHOG DAY. Direção: Harold Ramis.Roteiro: Danny Rubin e Harold Ramis. Columbia Pictures, 1993.

atélicas estejam blindadas de um tipo de fracasso, não estão automaticamente disponíveis para nós, nem são fáceis de executar. Podemos deixar de viver bem, mesmo que o fracasso não seja o de um projeto com um fim definitivo.

Além do mais, Phil pode fazer mudanças, mesmo que apenas em si mesmo. Ele se lembra de cada dia de seu confinamento e de tudo o que aprendeu durante esse tempo. Quando é libertado, Phil sabe tocar piano, é fluente em francês, é um exímio escultor de gelo e sabe como virar uma carta em um chapéu a vários metros de distância (quanto tempo ele levou para adquirir essas habilidades? De acordo com Harold Ramis, no comentário do DVD, Phil fica confinado por uma década, mas isso é irrealisticamente breve. A estimativa mais cautelosa estima seu confinamento em pouco menos de 34 anos)[266].

Embora Phil afirme: "Estou feliz agora", sua vida continua uma espécie de inferno. Como já reconheci, os projetos são importantes e, se os de Phil não fracassarem, nunca terão sucesso. Uma leitura alternativa do filme trata da vida no *Dia da marmota* como uma alegoria para o *samsara*, o ciclo de sofrimento conjecturado pela filosofia budista, no qual vivemos vida após vida lamentável de acordo com a lei do carma[267]. O objetivo é

266. Para mais detalhes, cf. GALLAGHER, S. Just how many days does Bill Murray really spend stuck reliving Groundhog Day. *What Culture*, 2 fev. 2011. Disponível em: whatculture.com/film/just-how-many-days -does-bill-murray-really-spend-stuck-reliving-groundhog-day

267. Meu relato sobre o budismo se baseia no trabalho de LOPEZ JR., D. S. *The story of buddhism*: a concise guide to its history and teachings. Nova York: Harper Collins, 2001. •LOPEZ JR, D. S. *The scientific Buddha*: his short and happy life. New Haven: Yale University Press, 2012.

se libertar desse ciclo, não mais renascer, no nada do nirvana. Assim, Phil escapa da repetição para a mortalidade.

Quaisquer que sejam seus méritos, a interpretação budista de *Feitiço do tempo*, e da vida humana, não é igual à minha. Para os budistas, o poder do agora tem a ver com a transitoriedade e o vazio da realidade, com a superação do apego a pessoas e coisas, com a libertação daquilo que é frágil, perecível, mutável. Para mim, é o oposto. Valorizar o atélico é se apegar ao presente. Não se trata de vazio, mas de plenitude, não de desapego ou libertação, mas de envolvimento com o – e atenção ao – que está acontecendo agora. A vida de Phil é empobrecida nesse *loop*: quando se trata de ações que afetam outras pessoas, ele não consegue fazer nada, porém, ele pode tirar o melhor proveito disso, aprendendo a viver uma vida melhor, menos dependente do sucesso e do fracasso, sintonizada não apenas com projetos, mas também com processos.

Como nós podemos fazer essa transição? Podemos não ter a sorte de ficar fora do tempo e ter 34 anos para descobrir isso. Ainda, como aprendi na meia-idade, você não pode simplesmente escolher aquilo que lhe interessa. Eu percebi que duas décadas de esforço acadêmico transformaram a filosofia, no meu caso, em uma série de projetos, cada um deles penosamente perseguido, ou no passado. Eu havia perdido o gosto por filosofar sem fim, de forma atélica. É por isso que meus dias pareciam vazios e meu futuro parecia uma corrida para permanecer no lugar. Entretanto, eu não poderia simplesmente mudar. Tive que trabalhar em mim mesmo, e o trabalho ainda está em andamento. Em *Midlife,* eu escrevi sobre meditação como uma forma de se reorientar para as atividades atélicas[268]. Concentrar-se conscientemente em respirar, sentar-se, ouvir sons, desapegar-se de objetivos futuros, aprender a valorizar o presente; isso tudo alimenta a capacidade de encontrar um valor atélico que é transferido para a vida cotidiana. Eu ainda acredito nisso tudo. No entanto, eu não falei o suficiente sobre as forças culturais que tornam a nossa transformação urgente e difícil. Nesse aspecto, eu falhei. Como veremos, essas forças estão ligadas a outras que reduzem o valor que damos à riqueza.

A IDEIA DE QUE AS PESSOAS, não apenas os projetos, podem ser classificadas como fracassos tem um histórico. Em *Born losers* [Nascidos para perder], o historiador Scott Sandage remonta à Grande Depressão até meados de 1800, quando "fracasso" como substantivo para pessoas entra no dicionário[269]. Que não se poderia simplesmente falhar, e sim ser um fracasso, foi o resultado de mudanças sociais e econômicas. Os Estados Unidos se consideravam uma terra de empreendedores, o triunfo do homem de negócios medido por lucros altos e bom crédito. O crédito passou a definir os norte-americanos como indivíduos por meio da invenção do relatório de crédito. "Mais do que um saldo bancário ou uma referência de caráter", escreve Sandage,

---

268. Cf. SETIYA, K. *Midlife*: A philosophical guide. Princeton: Princeton University Press, 2017, p. 145-154. Isso difere claramente da meditação budista do *insight* de *anatta*, ou "não eu".

269. SANDAGE, S. A. *Born losers*: a history of failure in America. Cambridge: Harvard University Press, 2005, p. 11-12. Cf. tb. MORAN, J. *If you should fail*: a book of solace. Londres: Viking, 2020, p. 26.

> um relatório de crédito reunia moral, talentos, finanças, desempenho passado e potencial desempenho futuro em um julgamento sumário... De primeira ou terceira categoria, muito bom ou imprestável, os relatórios de crédito calibravam a identidade na linguagem da mercadoria[270].

Acrescente-se a isso um *ethos* individualista em que o sucesso ou o fracasso no mercado são atribuídos à pessoa e não às circunstâncias sociais. O ensaísta Ralph Waldo Emerson refletiu sobre essa atitude em 1860 e escreveu: "Há sempre uma razão, no homem, para sua sorte ou seu azar e, portanto, para ganhar dinheiro"[271]. Não foram apenas capitalistas como Andrew Carnegie que promoveram a crença de que o caráter é medido pelo sucesso – como Carnegie pregou em *The gospel of wealth* [O evangelho da riqueza][272], em 1889. Trinta anos antes, Frederick Douglass, um abolicionista que havia sido escravo, proferiu aquela que seria sua palestra mais popular[273]: *Self-made men* [Sucesso por mérito próprio]. "Eu não penso muito na teoria do acaso ou da sorte dos homens que alcançaram o sucesso por conta própria", proclamou. "A oportunidade é importante, mas o esforço é indispensável".

> Quando encontramos um homem que ascendeu a alturas além de nós mesmos... podemos saber que ele trabalhou melhor e mais árdua e sabiamente do que nós. Ele

---

270. SANDAGE, S. A. *Born losers*: a history of failure in America. Cambridge: Harvard University Press, 2005, p. 103, 134.

271. *Ibid.*, p. 74.

272. *Ibid.*, p. 249.

273. *Ibid.*, p. 222.

estava acordado enquanto nós dormíamos. Ele estava ocupado enquanto nós estávamos ociosos e aproveitava sabiamente seu tempo e seus talentos enquanto nós desperdiçávamos os nossos[274].

Permitindo "apenas capacidade e oportunidade comuns", conclui ele,

> podemos explicar o sucesso principalmente por uma palavra, e essa palavra é TRABALHO! TRABALHO!! TRABALHO!!! TRABALHO!!!! Dê ao negro jogo limpo e deixe-o em paz. Se ele viver, tudo bem. Se ele morrer, tudo bem também. Se ele não conseguir ficar de pé, deixe-o cair[275].

Quanto mais a vida de alguém for entendida em termos de um empreendimento único no qual se tem sucesso ou fracassa com base em seus próprios méritos, mais tentador será se identificar como um perdedor ou um vencedor, um fracasso ou um sucesso. Durante o século XIX, a autoestima dos norte-americanos foi cada vez mais medida com base na prosperidade. O pânico financeiro que derrubou a economia dos Estados Unidos gerou não apenas pobreza e dificuldades materiais, mas também colapso espiritual naqueles que fracassaram. "A terra fede a suicídio"[276], escreveu Emerson durante a crise de 1837, quando homens que não conseguiam sustentar a si próprios ou às suas famílias cometeram suicídio, envergonhados.

---

274. DOUGLASS, R. *Self-made men*: The speeches of Frederick Douglass. New Haven: Yale University Press, 2018, p. 424-425, esp. p. 426.

275. *Ibid.*, p. 428-429.

276. SANDAGE, S. A. *Born losers*: a history of failure in America. Cambridge: Harvard University Press, 2005, p. 6.

As "mortes por desespero" – registradas pelos economistas Anne Case e Angus Deaton atualmente nos Estados Unidos – têm, portanto, suas raízes no século XIX[277]. Essas mortes não são explicadas apenas pela pobreza. Desde 2015, a expectativa de vida nos Estados Unidos tem caído e praticamente toda essa queda é registrada entre brancos sem formação universitária. Embora ganhem mais, em média, do que os negros com qualificações semelhantes, eles têm 40% mais probabilidades de morrer por suicídio, abuso de álcool ou overdose. Case e Deaton argumentam que a diferença se deve à crença internalizada de que o trabalho árduo leva ao sucesso, à recusa em admitir obstáculos sistêmicos e a um déficit de solidariedade social. Em outras palavras, a explicação está em ver a si mesmo, e não a sociedade, como um fracasso.

Os negros dos Estados Unidos estão compreensivelmente mais sintonizados com estruturas de injustiça que impedem a prosperidade. Algumas dessas estruturas são históricas, como o sistema de escravidão contra o qual Douglass protestou. Outros são contemporâneos, como os anatomizados, em parte, pelo escritor Ta-Nehisi Coates:

> Eu passei a ver as ruas e as escolas como armas da mesma fera... Falhe nas ruas e as equipes o pegarão escorregando e levarão seu corpo. Se você fosse reprovado na escola, seria suspenso e mandado de volta para essas mesmas ruas, para onde levariam seu corpo. E comecei a ver esses dois braços em relação: aqueles que falharam nas

---

277. CASE, A.; DEATON, A. *Deaths of despair and the future of capitalism.* Princeton: Princeton University Press, 2020.

escolas justificaram sua destruição nas ruas. A sociedade poderia dizer: "Ele deveria ter continuado na escola" e depois lavar as mãos[278].

A linguagem da "responsabilidade pessoal" é uma linguagem de exoneração estrutural e autoculpabilização. Ela se afasta de padrões como o descrito por Coates: do "sistema 'da escola para a prisão'" e da injustiça e do desperdício social do encarceramento em massa[279].

Por trás desses fracassos reside o poder da economia capitalista que impulsionou a expansão colonial gananciosa e a escravização a partir do século XVII – em busca de novos mercados, novos materiais e trabalho cativo – e que impulsiona o declínio contemporâneo da indústria transformadora no Ocidente. A tendência não se inverteu; na verdade, acelerou-se. O emprego está cada vez mais polarizado: os maus empregos pioram ainda mais – mais precários, mais desgastantes, mais mal remunerados – enquanto os melhores empregos ficam cada vez melhores; o meio evapora[280]. A desigualdade econômica disparou[281]. Não é de admirar que a Geração Y dedique mais tempo a trabalhos escolares que qualquer geração anterior: investir em seu próprio "capital humano"

278. COATES, T. N. *Between the world and me.* Nova York: One World, 2015, p. 33.

279. ALEXANDER, M.; FLOYD, C. *The new Jim Crow*: mass incarceration in the age of colorblindness. Nova York: New Press, 2010.

280. Cf. KALLEBERG, A. L. *Good jobs, bad jobs*: the rise of polarized and precarious employment systems in the United States, 1970s to 2000s. Nova York: Russell Sage Foundation, 2011, *apud* Harris, M. *Kids these days*: human capital and the making of millennials. Nova York: Little, Brown, 2017, p. 67-68, 72-73.

281. Harris, M. *Kids these days*: human capital and the making of millennials. Nova York: Little, Brown, 2017, p. 20-24, 40-41, 75, 86.

parece ser o único caminho, por meio de admissões competitivas em universidades e até da oferta cada vez menor de trabalhos gratificantes[282]. A vida é uma relação de ganha-perde e, cada vez mais, é percebida dessa maneira.

É difícil saber se a propriedade privada dos meios para a sobrevivência e a prosperidade pode ser conciliada com um mundo em que as necessidades de todos sejam satisfeitas. Talvez nossa única esperança seja seguir Winstanley e os Diggers, negando que a própria Terra possa ser possuída algum dia (é um quebra-cabeça, pensando bem, como alguém poderia reivindicar incondicionalmente a terra, ou o mar, ou o céu, quaisquer que fossem as necessidades das pessoas que viessem?). Contudo, é fácil ver, e dizer, que qualquer programa de reforma deve abordar não apenas as necessidades materiais, mas também a ideologia segundo a qual o valor humano é medido pela produtividade; e a produtividade, em termos de riqueza. Enquanto a autoestima estiver ligada à produção de valor de mercado, alguns serão "fracassados", na melhor das hipóteses, devedores de sua subsistência – por meio da seguridade social ou de um rendimento básico universal – às vitórias econômicas de outros. O individualismo possessivo que nos retrata como átomos sociais aquisitivos pode não ser responsável pela solidão, mas desempenha um papel fundamental nas origens do fracasso[283].

282. *Ibid.*, p. 97-101

283. MACPHERSON, C. B. *The political theory of possessive individualism*: hobbes to locke. Oxford: Oxford University Press, 1962.

Isso não passa de um capítulo na história da mentalidade télica neste mundo capitalista. Outros capítulos poderão explorar as origens da "ética do trabalho"[284], como a avareza deixou de ser um pecado privado e passou a ser um bem público ou como as relações econômicas que nos colocam uns contra os outros em uma competição por bens primários entram em conflito com a solidariedade social. Hoje em dia, modos de pensar a economia, estruturados por acumulação e repetição, infiltram-se na maior parte da nossa vida. Contamos nossos "amigos" virtuais e competimos por "curtidas" nas redes sociais, mercantilizando nossos relacionamentos. O amor adolescente pela filosofia se torna uma obsessão adulta por subir os degraus da carreira acadêmica, acrescentando linhas a um currículo – não mais um meio para filosofar, mas um fim em si mesmo. *Mildfulness*, ou atenção plena, pode ser uma saída: em vez de abrir mão desse instrumento que é a filosofia, reformulá-la pode ser uma alternativa. Todavia, isso não afetará as raízes da ideologia que nos molda – muito menos as estruturas sociais e econômicas com as quais mantém uma relação de simbiose.

Nem podemos nos libertar do mito de que o fracasso é culpa nossa simplesmente observando quando esse é falso. No discurso que citei acima, Douglass começa com uma concessão:

> Eu posso afirmar com propriedade que não existem, neste mundo, homens que alcancem o sucesso por mérito

---

284. Cf. WEBER, M. *The protestant ethic and the spirit of capitalism*. Londres: Routledge, 1930. • WOOTTON, D. *Power, pleasure, and profit*: insatiable appetites from Machiavelli to Madison. Cambridge: Harvard University Press, 2018. • HUSSAIN, W. Pitting people against each other. *Philosophy & Public Affairs*, v. 48, n. 1, p. 79-113, 2020.

próprio. Esse conceito implica uma independência individual do passado e do presente que nunca poderá existir.

Nossas melhores e mais valiosas conquistas foram obtidas de nossos contemporâneos ou daqueles que nos precederam no campo do pensamento e da descoberta. Todos nós mendigamos, pedimos emprestado ou roubamos[285].

No entanto, ele continua dizendo a mesma coisa. Saber que o sucesso depende das desigualdades de fortunas que vão além do "jogo limpo" não é suficiente para mudar seu significado cultural. Como animais sociais, nós nos preocupamos com a forma como somos vistos pelos que nos cercam – como vencedores ou como perdedores, digamos – e não podemos simplesmente abandonar a sociedade. Em vez disso, temos que propor uma mudança.

Com o fracasso, então, o aspecto pessoal é político. Temos que reconhecer as causas estruturais das desigualdades sociais e econômicas e dos nossos autoconceitos prejudiciais. Ao mesmo tempo, eu consigo ouvir uma voz cética. É fácil ver como estruturas como essas prejudicam aqueles que são vistos como perdedores. Aqueles que são vistos como vencedores podem não se importar, e aqueles que se importam podem se perguntar o que fazer. Qual a importância da injustiça para a vida daqueles que não estão diretamente sujeitos a ela? Lembre-se de Phil Connors, preso em um *loop* temporal. O que o liberta é, em parte, sua orientação para o processo, mas também seu altruísmo, seu amor e seu respeito pelos outros. Isso nos deixa alguma lição?

---

285. DOUGLASS, R. *Self-made men*: The speeches of Frederick Douglass. New Haven: Yale University Press, 2018, p. 419.

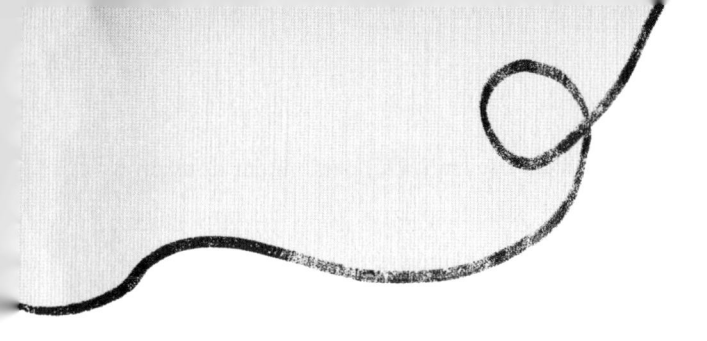

5
Injustiça

Em uma noite típica do fim de 2020, eu leio as manchetes no meu telefone:

> A covid-19 destruiu a economia dos Estados Unidos. Milhões estão desempregados ou foram forçados a trabalhar em condições perigosas, com ou sem cuidados de saúde. Enquanto isso, os ultrarricos ficam ainda mais ricos, os números nas manchetes são tão longos que eu tenho que contar os zeros. Umas poucas pessoas ganham bilhões de dólares.

A seguir, um artigo sobre a enxurrada de execuções hipotecárias que ocorrerão quando os benefícios pela pandemia deixarem de ser pagos. Quando clico em um *link*, sou levado a uma história de impasse político: "Os republicanos se recusam a votar um projeto de lei que prolongaria a ajuda atual". Clico mais uma vez para ler sobre ameaças de insurreição armada e guerra civil. Se clicar novamente, poderei ler sobre a fragilidade da

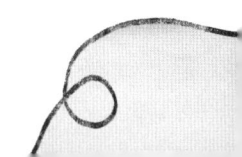

democracia e a história do fascismo. Ou, para mudar de assunto, um homem negro é baleado pela polícia. Ou uma geleira que está derretendo tão rapidamente que os cientistas estão atordoados, uma tempestade tropical, um incêndio florestal, secas, inundações, os arautos do caos climático. Meu coração começa a disparar de terror e pânico.

Eu sei que não estou sozinho. Minha experiência é tão comum que motivou a invenção de novas palavras: "*doomsurfing*" e "*doomscrolling*", o ato de gastar uma quantidade excessiva de tempo lendo enormes quantidades de notícias negativas *on-line*. Ao me forçar a guardar meu telefone, fico furioso com a injustiça do mundo, mas me sinto impotente para mudá-lo. Talvez você sinta o mesmo. Não somos os primeiros. Banido da Alemanha para os Estados Unidos durante a Segunda Guerra Mundial, o filósofo Theodor Adorno lamentou: "O que seria a felicidade se não fosse medida pela dor incomensurável do que é? Pois o mundo está profundamente doente"[286]. No entanto, que bem o luto pode fazer? Basta fazer inveja daqueles que não se importam, que fecham os olhos para a opressão, a desigualdade, a guerra. Se não posso salvar o mundo, talvez deva salvar a mim mesmo.

A circunstância é nova, mas a questão é antiga: por que se preocupar com a justiça quando a solidariedade traz dor? É uma pergunta que Platão fez em *A República*, cujo segundo livro começa com a mãe de todos os experimentos mentais. *A República* é um diálogo entre Sócrates e uma série de interlocutores que

---

286. ADORNO, T. *Minima Moralia*: reflections from damaged life. Londres: Verso Books, 1974, § 128.

questionam o valor da justiça. Um deles é Glauco – na vida real, irmão mais velho de Platão. Ele conta a história de um pastor que tropeça no corpo de um gigante em um abismo aberto por um terremoto. No dedo do gigante, o pastor encontra um anel de ouro que tem o poder de tornar invisível quem o usa. "Quando ele percebeu isso", confessa Glauco, "imediatamente providenciou para se tornar um dos mensageiros enviados para se reportar ao rei. Quando chegou lá, ele seduziu a esposa do rei, atacou o rei com a ajuda dela, matou-o e assumiu o reino"[287]. É mais fácil falar do que fazer, pode-se pensar. Contudo, na visão cansada de Glauco é o que todos nós tentaríamos:

> Agora, ninguém, ao que parece, seria tão incorruptível a ponto de permanecer no caminho da justiça ou ficar longe da propriedade alheia quando poderia pegar o que quisesse do mercado impunemente, entrar na casa das pessoas e fazer sexo com quem quisesse, matar ou libertar da prisão quem quisesse e fazer todas as outras coisas que o tornariam um deus entre os humanos. Pelo contrário, suas ações não seriam de forma alguma diferentes das de uma pessoa injusta e ambas seguiriam o mesmo caminho[288].

Nós nos importamos com a justiça, ou fingimos que nos importamos, apenas porque temos medo de sermos pegos.

No que diz respeito às conjecturas psicológicas, essa é, na melhor das hipóteses, tênue. Seu único apoio é o cinismo de

---

287. PLATO. Republic. *In*: COOPER, J. M. *et al.* (eds.). *Plato*: Complete works. Indianápolis: Hackett Publishing, 1997, p. 1.000.

288. *Ibid.*, p. 1.001.

Glauco[289]. Na realidade, diferentes pessoas empregariam o poder de serem invisíveis de diferentes maneiras. Perguntar o que você faria é um divertido quebra-gelo filosófico, mas o anel passou a representar um dilema: quando o interesse próprio e a moralidade entram em conflito, por que não simplesmente fazer o que é melhor para si? Se você lucraria com uma vida de crime, qual é o problema se fosse moralmente errado? E, se a preocupação com a justiça traz "dor incomensurável", não seria melhor não se importar?

Quando pensamos sobre a injustiça na nossa própria vida ou na vida dos outros, o primeiro passo para ter clareza é ver que essas questões são confusas. O filósofo Ludwig Wittgenstein acreditava que isso valia para todas as questões filosóficas. "A filosofia é uma batalha contra o enfeitiçamento da nossa inteligência por meio da linguagem"[290], escreveu ele. Muitas vezes, a farsa vem logo no início: "O movimento decisivo no truque de conjuração foi feito e foi exatamente aquele que consideramos bastante inocente"[291]. Aqui o truque é se opor à moralidade e ao interesse próprio sem explicar o que significa "interesse próprio". Se isso significa felicidade, estado de ânimo

289. De acordo com evidências compiladas pelo antropólogo evolucionista Michael Tomasello, "a maioria dos seres humanos contemporâneos, se ganhasse um anel que tornasse suas ações invisíveis para os outros, ainda assim, se comportaria moralmente na maior parte do tempo" (TOMASELLO, M. *A natural history of human morality.* Cambridge: Harvard University Press, 2016, p. 160).

290. WITTGENSTEIN, L. *Philosophical Investigations.* Oxford: Blackwell, 1953, p. 47.

291. *Ibid.*, p. 103.

ou sentimento – um estado de espírito feliz – então, sim, pode entrar em conflito com a devida preocupação pelos direitos e pelas necessidades dos outros. Aqueles que se importam podem ficar angustiados com a situação do mundo, enquanto os injustos podem ser felizes, mas a felicidade não é a única coisa que vale a pena almejar. No início deste livro, imaginamos Maya conectada a uma simulação engenhosa, sem saber que todas as pessoas que ela conhece e muito do que ela parece fazer e saber são falsos. Maya está feliz, mas não vive bem; ela mal vive. Suponhamos, então, que o objeto do interesse próprio não seja a felicidade, mas a prosperidade humana: queremos que as nossas próprias vidas sejam boas. No entanto, parte de viver bem consiste em vivermos como deveríamos, sentirmos aquilo que há motivo para sentir e fazermos aquilo que há motivo para fazer. Se há motivo para nos preocuparmos com os direitos e as necessidades dos outros, não podemos viver bem as nossas próprias vidas sem nos preocuparmos com os demais. O interesse próprio e a moralidade se correspondem.

Disso não deriva que exista uma boa razão para nos preocuparmos com os direitos e as necessidades dos outros, ou que eles tenham direitos que nós não temos. Se existe, e existe, a moralidade faz parte de viver bem; se não existe, a moralidade é uma farsa. De qualquer forma, a questão não é o que fazer quando a moralidade e o interesse próprio se separam, mas como devemos agir diante das injustiças do mundo. O que significa viver bem em uma época de opressão, desigualdade ou guerras constantes? Para responder a essa pergunta, recorrerei à vida e à obra de um santo moral.

HÁ PESSOAS que encaram o fato de sofrerem muito. Nascida em Paris em 3 de fevereiro de 1909, a filósofa Simone Weil viveu para ver sua terra natal sob ocupação alemã durante a Segunda Guerra Mundial. Após fugir com os pais para a cidade de Nova York, antes de ir sozinha para Londres, ela comeu apenas as rações permitidas na França ocupada[292]. Foi uma forma de solidariedade que ela praticou durante toda sua vida. "Quando ela soube que os soldados no *front*, durante a Primeira Guerra Mundial, não estavam recebendo sua ração de doces", escreve seu biógrafo, Palle Yourgrau, "a jovem Simone se absteve de chocolate"[293]. Ela tinha menos de dez anos. Como professora na França, duas décadas depois, Weil daria seu salário aos trabalhadores necessitados, se recusaria a aquecer seu apartamento quando os desempregados não tinham dinheiro para aquecer suas casas e insistiria em fazer trabalhos em fábricas e fazendas que sobrecarregavam seu corpo frágil[294]. Ela trabalharia até ficar destroçada, incapaz de acompanhar o ritmo das linhas de produção da fábrica. No vinhedo onde trabalhava oito horas por dia, "muitas vezes ficava cansada demais para ficar de pé e, por isso, continuava a colher uvas deitada, ordenhava as vacas de madrugada, descascava legumes e, como sempre, ajudava as crianças locais nos deveres de casa"[295]. Weil acabou morrendo de fome, mantendo sua ração autoimposta, quando sofria de tu-

---

292. Cf. YOURGRAU, P. *Simone Weil*. Londres: Reaktion Books, 2011, p. 97, 101.

293. *Ibid.*, p. 16-17.

294. *Ibid*, p. 18, 41, 43, 50-54, 86-87.

295. *Ibid.*, p. 86-87.

berculose em um sanatório em Kent, em 24 de agosto de 1943. Ela não reclamou. "Que lindo quarto para morrer!", disse sobre o lugar onde sua vida terminaria[296].

Há uma lógica terrível na abnegação de Weil. Não era justo que ela comesse enquanto outros morriam de fome e, como não podia alimentá-los, ela própria passava fome. O princípio é aquele que ela elaborou no ensino médio, em um ensaio escrito para "Alain" – pseudônimo de Émile-Auguste Chartier –, o professor de Raymond Aron, Simone de Beauvoir e outros. Weil conta a história de Alexandre, o Grande, cruzando o deserto com seu exército, em 325 a.C. Quando seus soldados lhe trouxeram água com um capacete virado para cima, Alexandre despejou tudo na areia. Se ele tivesse bebido a água, Weil escreve: "O bem-estar de Alexandre o teria separado de seus soldados. Cada santo derramou a água, cada santo rejeitou todo o bem-estar que o afastasse do sofrimento dos seres humanos"[297].

Existe uma natureza sobrenatural em Weil, uma obstinação quase desumana. Ela foi apelidada de "*La Trollesse*" por sua família; "a Marciana", por Alain; por outros, "a Virgem Vermelha" e "o Imperativo Categórico de saia" (o Imperativo Categórico foi a formulação estrita da lei moral de Immanuel Kant)[298]. Presa em Londres em 1942, Weil fez campanha para que um grupamento de enfermeiras fosse enviado para as linhas de frente da guerra; ela mesma as lideraria. "O projeto pode parecer

296. *Ibid.*, p. 104.

297. *Ibid.*, p. 35.

298. *Ibid.*, p. 26.

impraticável à primeira vista", admite Weil, "devido à sua novidade"[299]. Porém, ela falava sério.

Criada como judia secular, Weil teve experiências profundas com Cristo; primeiro, enquanto visitava Assis, em 1937; depois, na abadia beneditina de Solesmes, no ano seguinte[300]. Ela sempre foi herética, incapaz de aceitar a violência do Deus do Antigo Testamento ou de uma religião que condenaria o incrédulo. Embora Weil visse Deus em Cristo, ela se recusou a vê-lo apenas ali: "Não sabemos, com certeza, se não houve encarnações anteriores à de Jesus, nem que Osíris, no Egito e Krishna, na Índia, também não o fossem"[301].

Mesmo ao vislumbrar outro mundo, a mística Weil foi uma crítica incisiva do nosso mundo. Enquanto estudava filosofia na seletiva École Normale Supérieure – Weil ficou em primeiro lugar no vestibular em 1928; a filósofa Simone de Beauvoir ficou em segundo lugar – Weil ajudou a fundar uma escola para a educação de trabalhadores ferroviários[302]. Ela participou de marchas e greves, encontrou-se com Leon Trótski e o criticou[303] e fez campanha contra os fascistas na Guerra Civil Espanhola[304]. Weil escreveu sobre o papel da violência e não apenas da força econô-

---

299. WEIL, S. *Seventy letters*: some hitherto untranslated texts from published and unpublished sources. Oxford: Oxford University Press, 1965, p. 146 (carta a Maurice Schumann, 30 jul. 1942).

300. Cf. YOURGRAU, P. *Simone Weil*. Londres: Reaktion Books, 2011, p. 64, 68.

301. WEIL, S. *Letter to a priest*. Trad. de A. F. Wills. Londres: Routledge, 1953, p. 8.

302. YOURGRAU, P. *Op. cit.*, p. 39.

303. *Ibid.*, p. 46, 49.

304. *Ibid.*, p. 57.

mica, na opressão aos trabalhadores[305]. Ela reconheceu o poder da propaganda e alertou sobre o uso indevido da linguagem para nos colocar uns contra os outros. Weil encontrou um lugar para a filosofia aqui: "Esclarecer o pensamento, desacreditar as palavras intrinsecamente sem sentido e definir o uso de outras por meio de uma análise precisa – tudo isso, por mais estranho que possa parecer, pode ser uma forma de salvar vidas humanas"[306].

Se existem modelos do que seria levar a sério a injustiça e o sofrimento humano, e não inventar desculpas para si mesmo, não há ninguém melhor do que Simone Weil. O problema é que o modelo dela é assustador. Inspirador, sim, mas também assustador. Eu não poderia fazer com a minha vida o que Weil fez com a dela. Quem entre nós poderia? Se é isso que significa se preocupar com a injustiça, talvez eu não me importe, no fim das contas. Talvez eu não devesse.

São dúvidas como essa que nos levam à filosofia, em busca de um argumento que prove que devemos nos importar. Os filósofos fizeram seu melhor. No livro *A república,* Platão argumentou que não existe perspectiva de saúde psíquica sem uma espécie de justiça na alma e que não podemos ser injustos com os outros se formos justos como pessoa. Dois mil anos depois, Immanuel Kant afirmaria que não podemos ser verdadeiramente livres sem nos conformarmos com a lei moral, tratando os outros não apenas como meios, mas como fins[307].

305. *Ibid.*, p. 50.

306. WEIL, S. The power of words. *Simone Weil:* an anthology. Londres: Penguin, 2005, p. 228-258, esp. p. 242.

307. KANT, I. *Groundwork of the metaphysics of morals.* Cambridge: Cambridge University Press, 1998.

Todavia, as provas não funcionam. Você não pode convencer um egomaníaco a se preocupar com os outros. Não existe contradição interna na visão de que cada um de nós deve buscar a própria felicidade sem nos importarmos com os outros. Tentar convencer alguém a mudar essa posição é como tentar dissuadir um teórico da conspiração convicto ou debater com um cético que acredita que o mundo aparente é falso. Eles não aceitarão a premissa de nenhum argumento que refute sua visão.

Isso não porque estejam certos, mas porque fomos enganados novamente. Uma coisa é saber que uma conspiração é falsa ou que nosso mundo é real. Outra coisa é persuadir alguém que está determinado a pensar o contrário. Perguntamos se deveríamos nos preocupar com a injustiça e, por prestidigitação, o mágico mudou a questão – podemos provar para ele que devemos nos importar? – sem que percebamos a diferença. Podemos saber que a justiça é importante sem sermos capazes de converter um cético obstinado. Não é nisso que consiste a ética. Como Weil observa sarcasticamente:

> Um homem que é tentado a manter um depósito para si mesmo [quando esse pertence a outra pessoa] não deixará de fazê-lo simplesmente porque leu a *Crítica da razão prática*, de Kant; ele se absterá de fazê-lo porque lhe parecerá, a despeito dele, que algo no próprio depósito clama por ser devolvido[308].

Se a justiça ainda não clama por você, é improvável que ler Kant ajude.

---

308. WEIL, S. Essay on the concept of reading. *Late Philosopical Writings*. South Bend: University of Notre Dame Press, 2015, p. 21-28, esp. p. 27.

Qual é a alternativa ao argumento? Atenção ou leitura minuciosa. Para Weil, "ler" é uma metáfora para o trabalho interpretativo que realizamos constantemente ao confrontarmos o mundo e medirmos nossa resposta a ele. "Assim, em cada instante da nossa vida", escreve ela, "somos dominados de fora, por assim dizer, por significados que nós mesmos lemos nas aparências. O céu, o mar, o sol, as estrelas, o ser humano, tudo o que nos rodeia é, da mesma forma, algo que lemos"[309]. Portanto, ler é automático, mas ler bem é difícil.

Pensemos em Bartleby, o escrivão que abandonamos no capítulo 1 e que preferiu não sair de seu escritório, nem trabalhar, nem comer, nem fazer qualquer coisa[310]. Qual é o significado desse enigma? Interpretar "Bartleby" – como interpretar Bartleby – é uma tarefa traiçoeira[311]. Há tantas leituras da história de Melville quanto leitores: Bartleby, como Melville, recusa-se a escrever o que vale a pena; Bartleby, como existencialista, como

309. *Ibid.*, p. 22-23.

310. MELVILLE, H. *Bartleby, the scrivener*. Brooklyn: Melville House, 2004. Originalmente foi publicado como Bartleby, the scrivener: a story of Wall-street. *Putnam's Monthly Magazine*, dez. 1853.

311. Cf. MARX, L. Melville's parable of the walls. *Sewanee Review*, v. 61, n. 4, p. 602-627, 1953. • SPECTOR, R. D. Melville's "Bartleby" and the absurd. *Nineteenth-Century Fiction*, v. 16, n. 2, p. 175-177, 1961. • WIDMER, K. The negative affirmation: Melvilles Bartleby. *Modern Fiction Studies*, v. 8, n. 3, p. 276-286, 1962. •STEN, C. Bartleby the transcendentalism melvilles dead letter to Emerson. *Modern Language Quarterly* v. 35, n. 1, p. 30-44, 1974. • BARNETT, L. K. Bartleby as alienated worker. *Studies in Short Fiction*, v. 11, n. 4, p. 379-385, 1974. • OLIVER, E. S. A second look at "Bartleby". *College English*, v. 6, n. 8, p. 431-439, 1945. • BUSCH, F. Thoreau and Melville as cellmates. *Modern Fiction Studies*, v. 23, n. 2, p. 239-242, 1977. • ROGIN, M. *Subversive genealogy*: The politics and art of Herman Melville. Nova York: Knopf, 1985, p. 195.

niilista, como transcendentalista, como trabalhador alienado, como ativista ou manifestante, e mais. Bartleby está preso em um sistema implacável de trabalho penoso, repetitivo e sem sentido que transforma copistas como ele em "máquinas de fotocópias humanas"[312]. No entanto, o livro mais empático sobre a história, *The silence of Bartleby* [O silêncio de Bartleby], de Dan McCall, é uma repreensão a todos os críticos que tratam Bartleby como um símbolo: isso "causa-lhe uma grande violência, tira-lhe o silêncio"[313]. Tentarei não fazer isso, mesmo enquanto recruto o pobre Bartleby, sublimemente taciturno, para meu argumento.

O melhor leitor de Bartleby é o advogado que narra sua história. O narrador de Melville foi denunciado pelos críticos como um símbolo da exploração capitalista, cego à humanidade de Bartleby, mas aqueles que tratam o advogado dessa forma causam-lhe violência, tiram-lhe a volubilidade. Se o advogado luta para ver a humanidade de Bartleby, também é verdade que ele continua lutando. Recusando o vocabulário esquelético de preferência – Bartleby "prefere não" –, o advogado tenta repetidas vezes compreender Bartleby com palavras: "Posso ver essa figura agora"[314], escreve ele, "palidamente elegante, lamentavelmente respeitável, incuravelmente desamparada! Esse era Bartleby". Enquanto o advogado se debate diante de seu funcionário recalcitrante, as expressões compostas conti-

312. DELBANCO, A. *Melville*: his world and work. Nova York: Knopf, 2005, p. 214.

313. MCCALL, D. *The silence of Bartleby.* Ithaca: Cornell University Press, 1989, p. 98.

314. MELVILLE, H. *Bartleby, the scrivener.* Brooklyn: Melville House, 2004, p. 15.

nuam surgindo. Existem a "indiferença cadavericamente cavalheiresca" de Bartleby, sua "rebelião impotente... sua afronta moderada... sua suavidade maravilhosa... sua miserável falta de amizade... sua arrogância pálida... sua reserva austera... sua submissão domesticada"[315]. Bartleby é "singularmente calmo" e "singularmente leve"[316].

Não estou dizendo que o advogado avalia Bartleby; ele não pode. Tentar compreender Bartleby em palavras é como tentar abraçar um fantasma. O advogado acaba agarrando a si mesmo. Todavia, ele tenta fazer justiça a um ser humano de carne e osso, para contar as verdades que lhe dirão o que fazer. Que o advogado seja tão paciente com Bartleby e que ofereça a ele a sua casa: esses fatos não podem ser dissociados da generosa humildade de sua dicção.

O advogado de Melville me lembra a mãe, conhecida apenas como "M", em um experimento mental devido a Iris Murdoch. M considera sua nora, D, "atrevida e familiar, insuficientemente cerimoniosa, brusca; por vezes, positivamente rude, sempre cansativamente juvenil", mas lentamente trabalha para ver além do seu preconceito "até que gradualmente sua visão se altera": "Descobre-se que D não é vulgar, mas agradavelmente simples; não indigna, mas espontânea; não barulhenta, mas alegre; não cansativamente juvenil, mas deliciosamente jovem, e assim por diante"[317]. Ao mudar suas percepções, argumenta Murdoch, a mãe pode estar chegando à verdade, não a

315. *Ibid.*, p. 29-30, 33.

316. *Ibid.*, p. 15, 17.

317. MURDOCH, I. *The sovereignty of good.* Londres: Routledge, 1970, p. 16-17.

um conhecimento quase científico e impessoal do mundo comum, seja ele qual for, mas... uma percepção refinada e honesta do que realmente acontece... que é o resultado não simplesmente de abrir os olhos, mas de certo tipo perfeitamente familiar de disciplina moral[318].

É isso que Murdoch e Weil querem dizer com "atenção". O que nos move no aspecto ético, em primeiro lugar, não é o raciocínio, mas um esforço para apreciar o que está diante de nós. Tenho certeza de que mais pessoas se tornam veganas depois de ler descrições ou ver imagens de fazendas industriais do que com base em argumentos – talvez bons – que surgirão depois. O mesmo se aplica ao sofrimento e à injustiça humanos. Não preciso de argumentos que me façam estremecer ao ler as manchetes no meu telefone. Eu só preciso aceitá-los – não apenas como informações, cliques, mas como um testemunho da vida de outras pessoas. Como Murdoch escreveu: "Quanto mais se percebe a separação e a diferença das outras pessoas e se percebe o fato de que outro homem tem necessidades e desejos tão exigentes quanto os seus, mais difícil se torna tratar uma pessoa como uma coisa"[319]. Isso não é apenas especulação. Em um extraordinário estudo sobre altruísmo, a psicóloga política Kristen Monroe explorou a motivação das pessoas que ajudam estranhos que correm grandes riscos: "Os altruístas veem o mundo de forma diferente"[320], ela confirmou. "Seu compor-

---

318. *Ibid.*, p. 37.

319. *Ibid*, p. 64.

320. MONROE, K. R. *The heart of altruism*: Perceptions of a common humanity. Princeton: Princeton University Press, 1996, p. 212.

tamento resulta do reconhecimento de que a pessoa necessitada é humana e, portanto, tem direito a determinado tratamento. Humanidade mais necessidade: esse é o único raciocínio moral, a única medida para o altruísmo."

O desafio é manter essa visão, não nos afastarmos daqueles que nos cercam ou tratar as manchetes como palavras vazias. Ao refletir sobre a dificuldade da compaixão, Weil alertou: "O pensamento foge da aflição tão rápida e irresistivelmente quanto um animal foge da morte"[321]. Deixei meus olhos pularem as notícias, simplesmente rolando as manchetes, nadando na superfície, sem mergulhar nas profundezas. Com todos os meus problemas, esqueço que cada pessoa que encontro tem seus próprios problemas, tão urgentes e reais quanto os meus. É por isso que o livro que você está lendo agora, embora trate de aflições na minha vida e na sua, também pode servir a um propósito moral. Ao pensar nas dificuldades da vida humana, tenho pensado em mim mesmo, mas não consigo deixar de pensar nos outros, na profusão da humanidade cujas adversidades eu não enfrento.

Existe a profundidade da dor física, a possibilidade de compaixão pelos próprios passado e futuro e, portanto, por outras pessoas. Existe o desafio de adaptação à incapacidade, muitas vezes, frustrado por preconceitos e adaptações precárias. Também existe a necessidade de apego, frustrado pelo isolamento e pela dor, que mostra a dignidade da vida humana. Descobrimos que o amor é uma emoção moral: você não ama realmente alguém a menos que veja nessa pessoa um valor que sobreviveria

---

321. WEIL, S. *Waiting for God*. Londres: Routledge, 1951, p. 118.

à perda do amor[322]. Elas seriam importantes mesmo sem você e, como qualquer pessoa pode ser amada, o mesmo se aplica a todo e qualquer ser humano.

Tanto Weil quanto Murdoch traçaram um limite entre a atenção e o amor incondicional. "Entre os seres humanos", escreveu Weil, "apenas a existência daqueles que amamos é plenamente reconhecida"[323]. "A amizade tem algo de universal. Consiste em amar um ser humano como gostaríamos de poder amar cada alma em particular de todos aqueles que compõem a raça humana"[324]. Para Murdoch: "O amor é a percepção dos indivíduos. O amor é a compreensão extremamente difícil de que algo além de nós mesmos é real"[325]. O que importa aqui é menos o apelo ao amor universal que sua continuidade com o respeito. O valor que procuramos no amor é o valor que a injustiça viola. A justiça e o amor não são duas virtudes independentes – como a verdade e a beleza –, mas aspectos diferentes de um mesmo bem: o limite inferior do que devemos uns aos outros e o limite para o qual convergem as nossas vidas.

O que dificulta o amor e a justiça é, em parte, o desejo de fugir do sofrimento e do "ego inflado e implacável"[326] que Murdoch encontra dentro de todos nós, porém, também exis-

---

322. VELLEMAN, J. D. Love as a moral emotion. *Ethics*, v. 109, n. 2, p. 338-374, 1999. Cf. tb. SETIYA, K. Love and the value of a life. *The Philosophical Review*, v. 123, p. 251-280, 2014.

323. WEIL, S. *Gravity and grace*. Londres: Routledge, 1952, p. 64.

324. WEIL, S. *Waiting for God*. Londres: Routledge, 1951, p. 206.

325. MURDOCH, I. The sublime and the Good. *In*: CONRADI, P. J. *Existentialists and mystics*: writings on philosophy and literature. Londres: Chatto & Windus, 1997, p. 205-220.

326. MURDOCH, I. *The sovereignty of good*. Londres: Routledge, 1970, p. 51.

tem obstáculos exteriores, ideologias que distorcem o mundo social e nos impedem de ver o que está diante de nós (por exemplo: a ideologia segundo a qual a vida é definida por projetos e cada pessoa é um fracasso ou um sucesso). A filosofia não pode provar que devemos nos preocupar com os outros quando não o fazemos, mas pode nos ajudar a articular a injustiça e a descobrir o que ela exige que façamos. É aqui que entra o argumento, e não apenas o argumento, mas também a clareza de pensamento – a guerra de Weil contra a propaganda – e a convulsão conceitual. Nas palavras de Murdoch: "A tarefa dos filósofos morais é estender, assim como os poetas podem fazê-lo, os limites da linguagem, e permitir-lhe iluminar regiões que antes eram escuras"[327]. A escuridão que enfrentamos são a injustiça do mundo e a sensação de que somos impotentes para mudá-lo. A filosofia pode lançar alguma luz?

EMBORA COMECE com a justiça como traço desprezado pelo pastor invisível de Glauco, *A república* de Platão muda abruptamente para a política. A maior parte do diálogo retrata a constituição da utopia de Platão, a *kallipolis*, ou bela cidade. Nela, a cada cidadão é atribuída, pelo resto da vida, uma das três castas: filósofos-guardiões, que governam a cidade; guardiões auxiliares, que a protegem; e produtores, que trabalham para atender às necessidades materiais da cidade. Os guardiões não possuem propriedade privada, a família é abolida e os filhos são criados

---

327. MURDOCH, I. Vision and choice in morality. *In*: CONRADI, P. J. *Existentialists and mystics*: writings on philosophy and literature. Londres: Chatto & Windus, 1997, p. 76-98, esp. p. 90.

de forma comunitária. A justiça da cidade reside em todos fazerem o trabalho que lhes foi atribuído.

Não é de surpreender que poucos filósofos posteriores aceitem essa ordenação platônica, com seu regime opressivo de trabalho obrigatório e parentalidade comunitária. No entanto, muitas vezes, partilharam da ambição de Platão: descrever uma ordem social que seja perfeitamente justa. Esse objetivo sobreviveu, com muitos altos e baixos, no trabalho de John Rawls[328], o filósofo político que revitalizou o campo com *Uma teoria da justiça*, em 1971. Para Rawls, a filosofia política começa com a "teoria ideal", a descrição de uma sociedade totalmente justa, governada pela "conformidade estrita", ou seja, todos estão em conformidade com os princípios da justiça – com uma suficiência de bens materiais[329]. Rawls chamou isso de "utopia realista", tomando "os seres humanos como eles são" e "as leis como elas poderiam ser"[330]. Com a utopia em mãos, recorremos à "teoria não ideal", que fala das condições em que realmente nos encontramos. Diz-nos para lutarmos pela utopia por meio dos meios mais eficazes que a moralidade permite[331].

---

328. Cf. RAWLS, J. *A theory of justice*. Cambridge: Harvard University Press, 1971.

329. Minha interpretação segue aproximadamente:SIMMONS, A. J. Ideal and nonideal theory. *Philosophy and public affairs*, v. 38, n. 1, p. 5-36, 2010. • LAURENCE, B. Constructivism, strict compliance, and realistic utopianism. *Philosophy and phenomenological research,* v. 97, n. 2, p. 433-453, 2018.

330. RAWLS, J. The law of peoples. *Beogradski krug*, n. 1-2, p. 9-29, 1996• RAWLS, J. The idea of public reason revisited. *The University of Chicago Law Review*, v. 64, n. 3, p. 765-807, 1997, adaptando ROUSSEAU, J. J. *On the social contract*. Indianápolis: Hackett Publishing, 1987.

331. SIMMONS, A. J. Ideal and nonideal theory. *Philosophy and public affairs,* v. 38, n. 1, p. 21-22, 2010.

Como seria de se esperar, pela premissa deste livro, eu não acredito que a filosofia política deva começar com uma visão de justiça perfeita, assim como a ética não deve começar com a vida ideal de Aristóteles. Não precisamos de um modelo de utopia para identificar a injustiça no mundo. Basta olhar para o passado e o presente dos Estados Unidos[332]: a expropriação e a matança de povos indígenas, a escravidão em que o escravizado é um bem comerciável, os fracassos da reconstrução, as leis Jim Crow, a *redlining*, o encarceramento em massa, a brutalidade policial, a repressão eleitoral. Podemos perceber aqui a injustiça sem a ajuda da teoria ideal, e esta não indica o caminho para sua reparação[333]. Pela sua natureza, a teoria ideal é abstraída de estruturas de opressão; na pior das hipóteses, isso as ofusca (a utopia não distingue raça)[334].

De qualquer forma, é duvidoso que estejamos em condição de conceber um mundo ideal. Uma das ideias da Teoria Crítica desenvolvida pelos filósofos da Escola de Frankfurt em meados do século XX é que a ideologia distorce a nossa noção do que é humanamente possível[335]. Para dar apenas um exemplo: é difícil não ver a automatização tecnológica do trabalho carros au-

---

332. Cf., p. ex., ROEDIGER, D. R. *How race survived U.S. history*: from settlement and slavery to the Obama phenomenon. Londres: Verso Books, 2008.

333. Sobre as limitações da teoria ideal, cf., entre outros, AMARTYA, S. What do we want from a theory of justice? *Journal of Philosophy*, v. 103, p. 215-238, 2006.

334. MILLS, C. W. "Ideal theory" as ideology. *Hypatia*, v. 20, n. 3, p. 165-183, 2005.

335. Sobre a história da Teoria Crítica, cf. JEFFRIES, S. *Grand Hotel Abyss*: the lives of the Frankfurt School. Londres: Verso Books, 2016.

tônomos, depósitos mecanizados, introdução informatizada de dados – como uma ameaça ao emprego e que deixará milhões de pessoas na miséria, e não como a perspectiva libertadora do trabalho árduo. Isso não é apenas realismo, uma concessão ao que é politicamente viável agora. É apoiado pela ideologia do trabalho produtivo como fonte de autoestima – esquecendo que essa relação pode ser produzida pelo sistema econômico que é usado para justificar. O "desemprego" seria um fracasso se ninguém precisasse trabalhar? Não estou dizendo que não. O que estou dizendo é que é impossível saber o que seria a vida dos seres humanos – como poderíamos nos relacionar com o trabalho e uns com os outros – de acordo com arranjos sociais radicalmente diferentes daqueles que encontramos até agora[336].

Portanto, a filosofia política não deveria teorizar a justiça perfeita: não temos como imaginar um mundo ideal. Em vez disso, deveria nos ajudar a ver o que há de errado com o mundo que nos cerca e o que devemos fazer para mudá-lo. O teórico crítico Theodor Adorno via a filosofia política dessa forma. Nos fragmentos que ele coletou como *Minima moralia* e publicou no rescaldo da Segunda Guerra Mundial, Adorno se recusou a sonhar com "uma sociedade emancipada" ou "a realização das possibilidades humanas". "Não podemos almejar a emancipação agora", afirmou Adorno, "uma vez que não sabemos o que palavras como essas poderiam significar". Ler o potencial hu-

---

336. A evidência antropológica é sugestiva aqui, embora inconclusiva. Cf. SUZMAN, J. *Work:* a deep history, from the stone age to the age of robots. Nova York: Penguin Press, 2021. Um precursor importante é SAHLINS, M. *Stone age economics*. Londres: Routledge, 1974.

mano com base nos destroços da história humana é como estudar botânica com espécimes em solo ressecado. É possível dizer que falta água, mas não como ficarão quando florescerem. Para Adorno, "só existe ternura na exigência mais rude: que ninguém mais passe fome". Se não podemos conceber a utopia, pelo menos, podemos responder às necessidades não satisfeitas[337].

Em sua clareza moral, essa exigência acerta em alguma coisa, mas também falta alguma coisa. É uma reminiscência da moda do "altruísmo eficaz", a ideia de que tudo o que fizermos para ajudar os necessitados deve ser pelos meios mais eficientes[338]. Altruístas eficazes como William MacAskill e Peter Singer argumentam que os ricos deveriam fazer mais para ajudar aqueles que estão em situação difícil. Especificamente, argumentam que deveríamos doar dinheiro às instituições de caridade mais eficazes e se dedicam, com uma perspicácia considerável, a classificar essa eficácia em dólares por "anos de vida ajustados à qualidade" poupados (as redes mosqueteiras e os medicamentos contra a malária estão em primeiro lugar). Os altruístas eficazes têm sido criticados por negligenciar a política, ignorando as causas sociais da pobreza e do sofrimento humano: as soluções políticas são difíceis de quantificar, mas também negligenciam

337. ADORNO, T. *Minima Moralia*: reflections from damaged life. Londres: Verso Books, 1974, § 100. Ao pensar por meio da visão de Adorno, recebi a ajuda de FREYENHAGEN, F. *Adorno's practical philosophy*: living less wrongly. Cambridge: Cambridge University Press, 2013.

338. Cf. MACASKILL, W. *Doing good better*: effective altruism and a radical new way to make a difference. Londres: Faber & Faber, 2015. • SINGER, P. *The most good you can do*: how effective altruism is changing ideas about living ethically. New Haven: Yale University Press, 2015.

a questão da responsabilidade[339]. Altruístas eficazes tratam todas as necessidades da mesma forma, porém, algumas pesam mais sobre nós do que outras. A nossa relação moral com o sofrimento humano é mais urgente quando estamos envolvidos em suas causas do que quando elas não têm nada a ver conosco.

Os filósofos podem nos ajudar a pensar sobre essas complicações. Assim, Iris Marion Young, uma teórica política pioneira que morreu de câncer aos 57 anos, desenvolveu a ideia de "injustiça estrutural" – injustiça que não emerge de atitudes ou ações injustas, e sim de forma interativa – e propôs um "modelo de conexão social" de responsabilidade[340]. Esses são conceitos para iluminar a escuridão.

Quando a injustiça é estrutural, ela é criada ou sustentada, pelo menos em parte, por práticas que não dependem de preconceitos ou de determinados atos injustos[341]. Mesmo que ninguém tivesse opiniões sexistas sobre as capacidades das mulheres, ou lhes negasse emprego por serem mulheres; por exemplo, a divisão do trabalho por gênero, em que as mulheres realizam a maior parte da criação dos filhos e do trabalho doméstico não remunerado, tudo isso as desfavoreceria de maneira sistemática. A injustiça não residiria em determinada atitude ou ato de exclusão, mas em nossas expectativas coletivas. É essencialmente estrutural.

---

339. Cf. SRINIVASAN, A. Stop the robot apocalypse. *London Review of Books*, v. 37, n. 18, p. 3-6, 2015.

340. YOUNG, I. M. *Responsibility for justice.* Oxford: Oxford University Press, 2011.

341. *Ibid.*, p. 105.

Young afirma que somos responsáveis pela injustiça estrutural. No cerne de seu argumento, existe um contraste entre culpabilidade, ou culpa, e responsabilidade pela mudança. Para dar outro exemplo: embora seja injusto criticar os norte-americanos contemporâneos pela história racista dos Estados Unidos, estamos frequentemente envolvidos em sistemas que sustentam seu legado atualmente. Considere a educação: as cidades dos Estados Unidos são, de fato, segregadas, e, uma vez que as escolas são sustentadas por impostos locais e as comunidades negras são desproporcionalmente mais pobres, suas escolas são, em média, menos financiadas do que as escolas em bairros ricos. A igualdade de oportunidades educacionais é um mito. Embora as estruturas não sejam culpa minha, eu fiquei preso a elas quando comprei uma casa em Brookline, Massachusetts, em parte, pelas excelentes escolas públicas. "O modelo de responsabilidade da conexão social diz que as pessoas são responsáveis pela injustiça estrutural", escreve Young, "porque, com suas ações, contribuem para os processos que produzem resultados injustos." Ela está olhando para mim.

O argumento de Young não diz respeito a culpa ou vergonha, mas à obrigação de trabalhar pela mudança. É isso que ela quer dizer com "responsabilidade". Eu posso não estar errado ao querer uma boa educação para o meu filho, ou ser culpado pela forma como as escolas são financiadas, mas devo defender reformas que reparem a injustiça para a qual eu contribuo. Podemos estender o modelo de Young não apenas àqueles que participam de práticas sociais que perpetuam a injustiça, mas também àqueles que se beneficiam de um passado injusto, tal como muitos norte-americanos se beneficiam de uma história de expropriação colonial e escravidão que, em parte, explica a enorme disparidade na riqueza média entre famílias brancas (em média, US$ 188.000) e negras (em média, US$ 24.000)[342]. Os dados sobre os povos indígenas são escassos, mas uma pesquisa de 2000 estimou o patrimônio líquido médio de um cidadão nativo norte-americano em US$ 5.700, porém, isso tem diminuído desde 1996[343]. Não precisamos ser culpados por essas disparidades para lucrarmos com elas e, assim, sermos beneficiários da injustiça.

Diante de tais realidades, o que devemos fazer? "A tarefa quase insolúvel", escreveu Adorno, "é não permitir que nem o poder dos outros nem a nossa própria impotência nos entorpeçam"[344]. O argumento de Young é que a nossa responsabilização "não é principalmente retrospectiva, como é a atribuição de culpa ou falha". Não é uma questão de culpa, mas de ação política: "Assumir a responsabilidade pela injustiça estrutural... envolve se juntar a outros para organizar uma ação coletiva para reformar as estruturas"[345]. A obrigação é assustadora, Young admite: "Se eu parti-

342. BHUTTA, N. *et al.*, com a assistência de HEWITT, J. *Disparities in wealth by race and ethnicity in the 2019 survey of consumer finances.* Disponível em: https://l1nq.com/LtFku Acesso em: 28 set. 2020.

343. ZAGORSKY, J. L. Native americans wealth. *In:* NEMBHARD, J. G.; CHITEJI, N. *Wealth accumulation and communities of color in the United States:* Current Issues. Ann Arbor: University of Michigan Press, 2006, p. 133-154, esp. p. 140.

344. ADORNO, T. *Minima Moralia:* reflections from damaged life. Londres: Verso Books, 1974, §34.

345. YOUNG, I. M. *Responsibility for justice.* Oxford: Oxford University Press, 2011, p. 112.

lho a responsabilidade... por cada injustiça social que resulta de processos estruturais para os quais eu contribuo com as minhas ações, isso me torna responsável por muita coisa. Esse é um pensamento paralisante"[346], mas a resposta adequada à paralisia não é a inação, e sim dar o primeiro passo. Fazer uma coisa.

Deixe-me admitir, ou melhor, insistir em que não sou um modelo a ser seguido a este respeito. Não fiz muita coisa: participei de passeatas e campanhas políticas ocasionais, votei regularmente, conversei sobre política com amigos, mas provavelmente nada disso fará muita diferença. Young confronta espectadores como eu com o que o filósofo político Ben Laurence chama de "a questão do agente da mudança"[347]. Não basta identificar a injustiça, nem votar nos políticos que você prefere, que, muitas vezes, serão indiferentes ou obstruirão a mudança que você deseja ver, e normalmente é inútil agir sozinho. Nossa tarefa consiste em encontrar agentes coletivos – movimentos, sindicatos, grupos de interesse – que tenham o poder e a vontade de fazer as coisas acontecerem.

Eu não sou um grande ativista, muito menos um líder, e constantemente me sinto oprimido pela injustiça do mundo. Se você se identifica com esse contexto, meu conselho é que escolha um único problema e encontre um grupo do qual possa participar. Para mim, a questão eram as mudanças climáticas, e o grupo era o Fossil Free MIT.

---

346. *Ibid.*, p. 123.

347. LAURENCE, B. The question of the agent of change. *Journal of Political Philosophy*, v. 28, n. 4, p. 355-377, 2020.

A ética das mudanças climáticas é, por vezes, enquadrada como uma questão de beneficência para com o futuro: deixar um mundo suficientemente bom para aqueles que virão. Na verdade, levanta questões de injustiça, passadas e presentes. As tempestades, as inundações e as secas, as más colheitas, a escassez de água e as crises de refugiados que as mudanças climáticas provocam serão muito piores em partes do mundo que pouco fizeram para causar o problema. O planeta já está 1,1°C mais quente do que em 1850. Com 2°C, que devemos alcançar nos próximos 30 anos, um milhão de pessoas em Bangladesh serão deslocadas definitivamente devido ao aumento no nível dos oceanos. A África Central perderá de 10% a 20% de suas chuvas, quando isso for combinado com temperaturas mais altas, o efeito será catastrófico. Por outro lado, centenas de milhões de pessoas no sul e no centro da Ásia perderão água doce à medida que as geleiras das montanhas desaparecerem[348]. Acima de 2° C, os efeitos serão mais atrozes. No entanto, mais da metade das emissões responsáveis pelas mudanças climáticas são feitas por países do mundo desenvolvido que serão poupados do pior. Se restringirmos nosso horizonte a 1990 – a última data em que era possível alegar ignorância com algum nível de plausibilidade – os Estados Unidos e a Europa são responsáveis por mais de 25% das emissões; e a China, por 15%[349]. E, se nos limitar-

348. LYNAS, M. *Our final warning*: six degrees of climate emergency. Londres: Fourth Estate, 2000, p. 76, 92-93, 96-97.

349. Cf. Climate Watch, *Historical GHG emissions*. Disponível em: www.climatewatchdata.org./ghg-emissions?source=CAIT

mos às emissões atuais, os Estados Unidos permanecem com quase 12%, com menos de 5% da população mundial. Por outro lado, na África Subsaariana, as emissões *per capita* são um vigésimo das dos Estados Unidos[350].

Causar danos substanciais a outros em benefício próprio é uma injustiça incontestável. É o que faz o pastor de Glauco quando se torna invisível: mata o rei e assume o trono. Eu vivo em uma nação cujas políticas subsidiaram os danos das mudanças climáticas e que tomou poucas medidas sérias para mitigar ou prevenir esses danos. Como todos nós, eu estou preso à economia dos combustíveis fósseis. Sou responsável por essa injustiça como participante e beneficiário e, portanto, sou obrigado a agir. Durante a maior parte da minha vida, fiz pouco ou nada. Eu não conseguia ver como podia ajudar, embora não parecesse muito atento. Em certo momento, fiquei um pouco preocupado com minha pegada de carbono. Não há nada de errado nisso, mas tem pouco a ver com o tipo de ação coletiva necessária para fazer a diferença. Em 2007, uma turma do MIT examinou a pegada de carbono de um sem-teto nos Estados Unidos, que vive fora da rede e que, apesar disso, conta com infraestruturas que dependem de combustíveis fósseis[351]. Ainda assim, sua pegada era dez vezes maior do que alguém que vivia na África Subsaariana. O problema é sistêmico. Não é por acaso que a ideia de ficar obcecado com a pegada de carbono indivi-

350. LYNAS, M. *Op. cit.*, p. 91.

351. Cf. CHANDLER, D. *Leaving our mark.* MIT News. Disponível em: news.mit.edu/2008/footprint-tt0416 Acesso em: 16 abr. 2008.

dual tenha sido agressivamente promovida pela British Petroleum, uma forma de desviar a atenção da culpa corporativa[352].

As coisas começaram a mudar para mim em 2014, quando comecei a lecionar no MIT. Cheguei a um campus adornado com o que parecia ser arte contemporânea: seis quilômetros de fita adesiva azul esticada nas paredes externas de edifícios e paisagens[353]. A altura da fita variava, sempre a poucos metros do chão, às vezes, chegava perto dos meus tornozelos, subia até minha cintura, enquanto eu caminhava em direção ao meu escritório, abrindo caminho através de portas e janelas. Um olhar mais atento revelou uma mensagem impressa na fita: "Nível de inundação pelo aquecimento global – adverte o MIT: desinvestir em combustíveis fósseis". Colocada pelo grupo de estudantes Fossil Free, a fita azul marcava o nível a que as inundações chegariam ao campus durante uma tempestade de um metro e meio – como a que atingiu Boston em 2012 – abaixo do nível do mar previsto para 2050. O MIT seria engolido.

Após a instalação, os estudantes forçaram uma "conversa sobre mudanças climáticas" com um ano de duração patrocinada pelo Instituto, na qual um comitê de estudantes, professores e administradores formularia propostas políticas. Um dos focos foi

---

352. Cf. SUPRAN, G.; ORESKES, N. Rhetoric and frame analysis of ExxonMobil's climate change communications. *One Earth,* v. 4, n. 5, p. 696-719, esp. p. 712, 2021.

353. Para obter detalhes, consulte o comunicado de imprensa do Fossil Free MIT: *Four-mile global warming flood level demonstration makes waves across MIT campus.* Disponível em: www.fossilfreemit.org/wp-content/uploads/2014/05/MIT-Press-Advisory-Fossil-Free-MIT-Climate-Change-Demonstration.pdf Acesso em: 29 abr. 2014.

o desinvestimento: retirar a dotação de US$ 18 bilhões do MIT a investimentos em empresas de combustíveis fósseis[354]. Os boicotes financeiros desempenharam um papel histórico na pressão sobre os recalcitrantes, desde os boicotes ao açúcar, que ajudaram a acabar com a escravidão britânica, à campanha de desinvestimento contra o *apartheid* na África do Sul. O comitê aprovou por 9 a 3 que o MIT deveria desinvestir em carvão e em areias betuminosas, as formas de extração de combustíveis fósseis mais prejudiciais para o meio ambiente, e houve apoio unânime a um Conselho Consultivo de Ética para rever a dotação do MIT.

Com os estudantes, eu observei, consternado, enquanto o verão passava e o MIT anunciava – depois de consultar a "Corporação", o Conselho de Administração do MIT – que seu primeiro Plano de Ação Climática[355] iria ignorar as recomendações do seu próprio comitê (David Koch[356], talvez o opositor mais implacável da legislação climática dos Estados Unidos, era então membro vitalício da MIT Corporation e um dos doadores mais generosos do MIT). Não haveria desinvestimento nem ética.

Foi então que me envolvi mais seriamente, ajudando a organizar um protesto docente contra a decisão e apoiando os estudantes que ocupavam o corredor em frente ao gabinete do pre-

---

354. Relatório do Comitê de Conversação sobre Mudanças Climáticas do MIT: *MIT and the climate challenge*, jun. 2015. Disponível em: https://encr. pw/lgXAK

355. *A plan for action on climate change.* Disponível em: https://sustainability. mit.edu/resource/mit-plan-action-climate-change

356. David H. Koch, proeminente apoiador da pesquisa sobre o câncer no MIT, morre aos 79 anos. *MIT News*, 23 ago. 2019. Disponível em: news.mit.edu /2019/david-koch-prominent-supporter-cancer-research-mit-dies-79-0823

sidente, exigindo mais[357]. Os estudantes assumiram a liderança, com outros professores, e eu acompanhei fornecendo alimentação e apoio moral. Em algumas ocasiões, a manifestação ficou desgastada, com poucos protestantes no corredor, mas durou quatro longos meses até a primavera de 2016 e, no fim, houve concessões. O desinvestimento não foi adiante no momento, mas foi criado um comitê consultivo para acompanhar o progresso da estratégia do MIT de "envolvimento" com empresas de combustíveis fósseis e um fórum para abordar a ética das mudanças climáticas. Não foi o ideal. Todavia, atualmente, quando já ultrapassamos os seis anos, um novo grupo de estudantes, o MIT Divest, tem pressionado mais uma vez a administração.

Eu conto esta história não porque seja uma narrativa de sucesso – ou de fracasso –, mas porque ilustra a necessidade de um agente de mudança. Eu superei a minha inércia, pois encontrei um foco para a ação coletiva com uma possibilidade realista de fazer a diferença. O MIT não poderia ignorar os estudantes; pelo menos, a publicidade não seria boa. É por causa dos estudantes que temos um Plano de Ação Climática. Embora não tenha acontecido como eu esperava, minha participação foi o mais próximo que cheguei de cumprir a responsabilidade pela justiça anatomizada por Iris Marion Young.

---

357. A Response to President Reifs Announced Plan for Action on Climate Change. *MIT Faculty Newsletter, 3 nov. 2015.* Disponível em: web.mit.edu/fnl/volume/282/climate.html; HIRJI, Z. MIT won't divest, but students end protest after compromise. *Inside Climate News,* 3 mar. 2016. Disponível em: insideclimatenews.org/news/03032016/mit-not-divest-students-sit-in-fossil-fuel-investment-climate-policy

Eu DISSE QUE NÁO sou um modelo e isso continua sendo verdade. Desde 2015, tenho dado palestras sobre justiça climática em vários lugares e abordado o assunto pela internet. Há três anos, desenvolvi uma aula sobre a ética das mudanças climáticas com um colega do MIT, porém, tenho certeza de que não é suficiente. Qual é a utilidade de ensinar ética climática? Para aumentar a conscientização, talvez, mas por que fazer o curso, a menos que você já se importe? O objetivo principal é construir uma comunidade e aprofundar a compreensão dos problemas que enfrentamos. Minha esperança é que meus alunos cumpram as responsabilidades que eu não cumpro. Sinto uma grande culpa por não fazer mais.

Você pode compartilhar desse sentimento de culpa, direcionado às questões que mais o perturbam: encarceramento em massa, pobreza, votação, direitos civis. Estamos fazendo tudo o que podemos para combater a injustiça? É uma questão para todos, mas, para filósofos, como é o meu caso, assume uma forma particular, suscitando velhos debates sobre teoria e prática. Karl Marx é famoso por sua décima primeira tese sobre Ludwig Feuerbach (filósofo e antropólogo alemão): "Os filósofos apenas interpretaram o mundo, de várias maneiras; o objetivo é mudar isso"[358]. Ben Laurence termina seu ensaio sobre o agente de mudança com o receio de que "a academia separe o filósofo de muitos agentes de mudança, especialmente onde tais agentes sofrem de graves injustiças e opressão"[359]. Esse medo é sintetizado na vida e na obra de Theodor Adorno.

358. MARX, K. Theses on Feuerbach. *In*: MCLELLAN, D. *Karl Marx*: selected writings. Oxford: Oxford University Press, 2000, p. 171-174.

359. LAURENCE, B. The question of the agent of change. *Journal of Political Philosophy*, v. 28, n. 4, p. 355-377, esp. p. 376, 2020.

Nascido em Frankfurt em 1903, Adorno era filho de um comerciante de vinhos, e sua mãe era cantora profissional[360]. O próprio Adorno era uma espécie de prodígio, tocava peças de Beethoven no piano aos doze anos. Depois, estudou composição com Alban Berg, mas deixou sua marca junto aos teóricos críticos da Escola de Frankfurt, expondo ideologias que frustram a prosperidade humana[361]. Como judeu na Alemanha, foi negado a Adorno o direito de lecionar em 1932. Ele se mudou para Oxford dois anos depois e estudou com o filósofo britânico Gilbert Ryle. Foi em Oxford que Adorno escreveu um artigo polêmico contra a música jazz, publicado sob o pseudônimo apropriado de Hektor Rottweiler. Ele não era fã da cultura pop[362].

Adorno se mudou para Nova York em 1938 e depois para Los Angeles, onde dividiu casa com outros imigrantes alemães, incluindo o dramaturgo Bertolt Brecht, o romancista Thomas Mann e o compositor Arnold Schoenberg, no que foi apelidado de "Weimar no Pacífico"[363]. Nos Estados Unidos, Adorno escreveu vários dos livros pelos quais é mais conhecido: *Dialectic of enlightenment* [Dialética do iluminismo], com o colega teórico-crítico Max Horkheimer; *Philosophy of new music* [Filosofia da nova música]; e *Minima moralia*. Adorno retornou a Frankfurt em 1949, onde viveu até sua morte, vinte anos depois, e onde

---

360. MÜLLER-DOOHM, S. *Adorno*: A biography. Cambridge: Polity, 2005, p. 13-16.

361. *Ibid.*, p. 28, 98.

362. *Ibid.*, p. 178, 199.

363. Cf. JEFFRIES, S. *Grand Hotel Abyss*: the lives of the Frankfurt School. Londres: Verso Books, 2016, p. 224.

finalizou duas obras-primas: *Negative dialectics* [Dialética negativa] e *Aesthetic theory* [Teoria estética].

Adorno é importante aqui porque foi, influenciado por Marx, um crítico incisivo do capitalismo industrial que mais ou menos desistiu do envolvimento político construtivo. Adorno é, às vezes, comicamente negativo. Em *Minima moralia*, ocasionalmente se apresenta como uma mistura de guru filosófico e tio rabugento comentando acidamente as trivialidades da vida contemporânea. "Estamos esquecendo como dar presentes", ele escreve a certa altura:

> O verdadeiro prazer de dar um presente está em imaginar a alegria de quem recebe. É escolher, gastar tempo, esforçar-se, pensar no outro como sujeito: o oposto da distração. Quase ninguém é capaz de fazer isso hoje em dia. Na melhor das hipóteses, as pessoas dão o que gostariam de receber, só que um pouco pior[364].

O pretexto para tais queixas é uma visão perturbadora do mundo: "O que os filósofos outrora conheciam como vida se tornou a esfera da existência privada e agora do mero consumo, arrastada como um apêndice do processo de produção material, sem autonomia ou substância própria"[365]. Mortos-vivos, não temos perspectiva de prosperar.

Adorno viu a revolução alemã fracassar no fim da Primeira Guerra Mundial. Uma revolta socialista liderada por trabalhadores que lutaram na guerra, a revolução se dissipou em um ano, reprimida pela coligação centrista da República de Weimar. Se o prole-

---

364. ADORNO, T. *Minima Moralia*: reflections from damaged life. Londres: Verso Books, 1974, § 21.

365. *Ibid*.Dedication.

tariado não pudesse desempenhar o papel transformador que Marx imaginava, temia Adorno, então não haveria agente de mudança. Não há nada a fazer, a não ser recuar e voltar para a academia e mapear as contradições da sociedade até que as circunstâncias mudem. György Lukács, contemporâneo de Adorno, desprezou esse ato de retirada: "Uma parte considerável da principal intelectualidade alemã, incluindo Adorno", escreveu ele, "fixou residência no Grand Hotel Abyss, um belo hotel, equipado com todo o conforto, à beira de um abismo, do nada, do absurdismo"[366].

Lukács tinha razão. Quando os protestos estudantis chegaram a Frankfurt, em 1968, Adorno chamou a polícia para prender os estudantes. Os estudantes responderam interrompendo suas aulas, exigindo um pedido de desculpas. O protesto atingiu o auge quando manifestantes femininas "o cercaram na plataforma, desnudaram os seios e jogaram pétalas de rosas e tulipas nele"[367]. Adorno cancelou a palestra e fugiu. Quando os estudantes se tornaram ativistas, como Angela Davis fez quando se juntou aos Panteras Negras, após sair de Frankfurt e voltar para os Estados Unidos, em 1967, Adorno criticou seus esforços. "Ele afirmou que meu desejo de trabalhar diretamente nos movimentos radicais daquele período era semelhante ao de um estudioso de estudos de mídia decidir se tornar técnico de rádio"[368], escreveria Davis mais tarde. Ela se tornou professora

366. LUKÁCS, G. *The theory of the novel*. Trad. de Anna Bostock. Cambridge: MIT Press, 1971, p. 22.

367. JEFFRIES, S. *Grand Hotel Abyss*: the lives of the Frankfurt School. Londres: Verso Books, 2016, p. 345, 347.

368. *Ibid.*, p. 321.

de filosofia, uma agitadora que foi uma das dez mais procuradas pelo FBI e uma crítica ferrenha do complexo industrial prisional[369].

Para mim, Adorno é um conto de advertência: um pensador brilhante que se convenceu de que ensinar e escrever eram um substituto para a resistência[370]. É um risco ocupacional na academia, uma espécie de má-fé intelectual. Mesmo quando nosso trabalho tem efeitos reais, como algumas vezes acontece, sempre podemos fazer mais para atender à nossa responsabilidade com a justiça. O mesmo se aplica a qualquer pessoa: quem pode dizer que elas fazem o suficiente?

Adorno pode nos instruir aqui. O que impulsiona seu pessimismo, seu retraimento é a crença de que, nas palavras de *Minima moralia:* "A vida errada não pode ser vivida corretamente". Ele quis dizer que não podemos viver bem em condições de injustiça que mancham todos os aspectos da vida social; não podemos nem saber o que seria a prosperidade[371]. Entretanto, existe uma verdade mais mundana em seu aforismo. Sabemos que existem limites para o que podemos exigir de nós mesmos para viver corretamente, em virtude de quem somos. Nem todos nós – talvez nenhum de nós – podemos ser Simone Weil. A forma como somos capazes de viver depende da nossa psico-

369. *Ibid.*

370. Para uma crítica de Adorno neste sentido, cf. ROSE, G. *The melancholy science*: an introduction to the thought of Theodor W. Adorno. Londres: Verso Books, 1978, cap. 7.

371. ADORNO, T. *Minima Moralia*: reflections from damaged life. Londres: Verso Books, 1974, § 18.

logia e das circunstâncias sociais, da nossa compreensão parcial do mundo social, da necessidade de manter nosso equilíbrio e de cumprir as nossas obrigações com amigos e familiares (aqui há questões difíceis sobre o que pode ser pedido às pessoas sujeitas a injustiças, para quem a sobrevivência pode ser um desafio suficiente)[372]. Ainda, embora saibamos que temos limites, não sabemos quais são esses limites. O resultado é que, quando eu me pergunto se estou fazendo o suficiente para atender à minha responsabilidade com a justiça, seria uma coincidência muito clara se a resposta fosse "sim". Quais são as chances de eu ter atingido o alvo com precisão, o máximo que posso esperar de mim mesmo? Perto de zero, eu acho. O resultado é que tenho praticamente certeza de que estou falhando. Talvez seja óbvio que sim, mas o mesmo raciocínio se aplica a quase todos, mesmo àqueles que fazem muito mais, pessoas que dedicam suas vidas à mudança social. Elas não podem ter certeza de que fizeram o suficiente. Em condições de profunda injustiça, somos obrigados a duvidar de que vivemos bem.

Existem ensinamento e conforto a serem encontrados nisso. Não deveríamos nos sentir tão mal por sentirmo-nos mal: nossa culpa não é um erro. Mais importante ainda, não devemos deixar que isso nos desanime, condenando nossos próprios esforços como sendo pequenos demais. Podem ser pequenos – no entanto, é perverso lidar com isso lavando as mãos e fazendo menos. Existe valor em um único passo em direção à justiça, e

---

372. Cf. LAURENCE, B. The question of the agent of change. *Journal of Political Philosophy*, v. 28, n. 4, p. 355-377, esp. p. 371-373, 2020.

um passo leva a outro. Embora seja difícil fazer a diferença sozinho, a marcha de milhões é composta por indivíduos e existe ação coletiva em todas as escalas, de sindicatos locais a protestos e campanhas políticas.

Confrontados com a dimensão da miséria humana, alguns se desesperam: "Não importa o que eu faça", dizem eles, "já que milhões ainda sofrerão", mas esse pensamento é confuso. Você pode não fazer o suficiente, porém, a diferença que você faz quando salva uma vida é a mesma, quer você salve uma entre duas ou uma entre dois milhões. Um protesto pode não mudar o mundo, todavia, acrescenta sua fração às probabilidades de mudança. É errado desconsiderar as pequenas conquistas. Cometemos esse exato erro quando negamos a nós mesmos a compaixão, sabendo que os outros sofrem mais. "Essa pode ser a lição mais importante que já aprendi", escreveu o poeta Richard Hugo, "talvez a lição mais importante que se pode ensinar. Você é alguém e tem direito à sua vida"[373]. Você também tem direito ao seu sofrimento.

Existe uma questão final na qual simpatizo com Adorno, que é seu profundo apego tanto à arte quanto ao pensamento abstrato. Talvez tenha sido um erro ele se mudar para o Grand Hotel Abyss, ouvindo os últimos quartetos de Beethoven, quando poderia ter apoiado os estudantes em Frankfurt. Não há dúvida de que Adorno se enganou com relação ao jazz. No entanto, ele tinha razão em resistir àquilo que poderíamos chamar de "a tirania da melhoria": o sentimento de que, em tempos de cri-

373. HUGO, R. *The triggering town*: lectures and essays on poetry and writing. Nova York: Norton, 1979, p. 65.

se, tudo o que vale a pena fazer é combater a injustiça, de modo a tornar as coisas menos ruins do que são. Como podemos ouvir música ou trabalhar nas questões mais especulativas da filosofia e da ciência enquanto o planeta arde? Ainda assim, embora a ação política seja urgente, não é a única coisa que importa.

Na verdade, não poderia ser. Se o melhor que pudéssemos fazer fosse minimizar a injustiça e o sofrimento humano, para que a vida não fosse positivamente ruim, não haveria nenhum sentido em viver a vida. Se a vida humana não é um erro, deve haver coisas que importam não porque resolvam um problema ou atendam a uma necessidade que preferiríamos prescindir, mas porque tornam a vida positivamente boa.

Eles teriam o que chamo de "valor existencial"[374]. Arte, ciência pura e filosofia teórica têm este tipo de valor. O mesmo acontece com atividades mundanas, como contar histórias engraçadas, pintar, nadar ou velejar, dedicar-se à carpintaria ou a cozinhar, brincar com a família e os amigos, o que a filósofa Zena Hitz chamou de "as pequenas coisas humanas"[375]. Não apenas porque precisamos delas para recarregar as baterias para podermos voltar ao trabalho, mas também porque são a razão de estarmos vivos. Um futuro sem arte, ciência ou filosofia, ou sem as pequenas coisas humanas, seria totalmente sombrio. Como nada disso sobreviverá a menos que cuidemos delas, essa também é nossa responsabilidade.

---

374. Cf. SETIYA, K. *Midlife: a philosophical guide.* Princeton: Princeton University Press, 2017, cap. 2.

375. HITZ, Z. Why intellectual work matters. *Modern Age,* v. 61, p. 28-37, 2017.

Quando as duas Simones – Weil e Beauvoir – finalmente se encontraram no pátio da Sorbonne, Weil disse a seu homônimo que a única coisa que importa é a revolução que alimentará os pobres. Beauvoir respondeu que também deveríamos nos preocupar com o sentido da vida. A resposta brusca de Weil: "Está claro que você nunca passou fome"[376]. Embora Weil tivesse a palavra final, Beauvoir estava certa. Quando eu penso nos horrores das mudanças climáticas, parte do que me perturba é o sofrimento de milhões de pessoas em tempestades e inundações, secas e fomes, mas parte disso é a perspectiva de devastação cultural. Eu penso na história que se afogará, nas tradições que morrerão de fome, no empobrecimento da arte, da ciência e da filosofia. Este não é um mundo no qual possamos nos sentir à vontade. Se não conseguirmos ver o caminho para um futuro melhor, que sentido poderemos encontrar na vida hoje?

---

376. A anedota é contada em YOURGRAU, P. *Simone Weil*. Londres: Reaktion Books, 2011, p. 40.

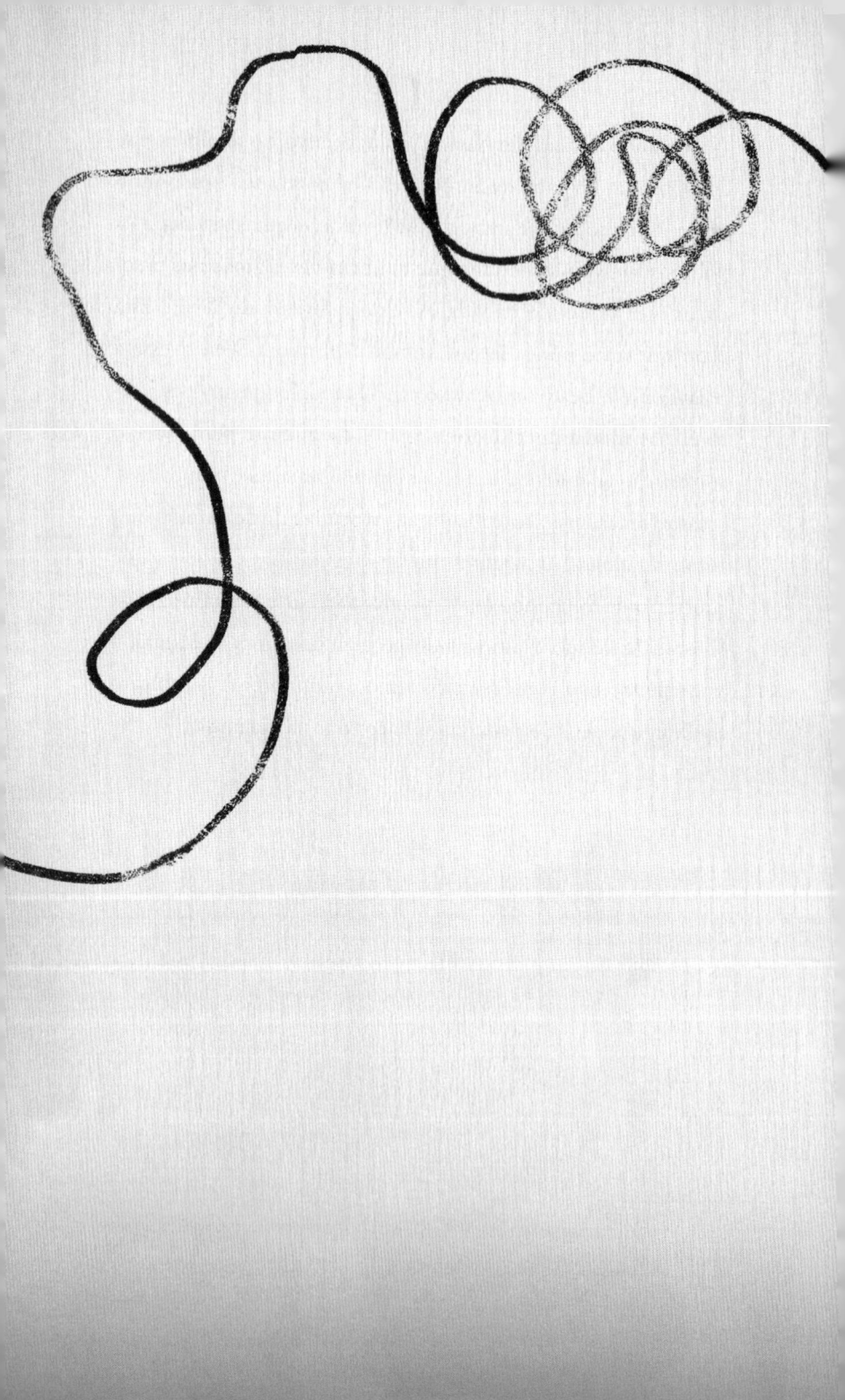

6
Absurdismo

Eu me tornei filósofo aos sete ou oito anos de idade, logo depois de rabiscar, solitário, aquele verso no pátio vazio de uma escola. Contudo, não foi a solidão que me tornou filosófico. Foi uma sensação de admiração e uma onda de preocupação. Eu me lembro de olhar para os troncos ondulados das árvores no parquinho durante o recreio, surpreso pelo fato de que havia alguma coisa lá. O fato de que poderia não ter sido induzido a uma crise de ansiedade que agora reconheço como a "náusea" de Jean-Paul Sartre: alarme perante a facticidade bruta das coisas, sua pura contingência, sua resistência vazia à razão. E se tudo deixasse de existir? Por que não deveria?

Por coincidência – ou destino – o protagonista de *La nausee* [A náusea][377], a ficção existencialista de Sartre, também se sente perturbado pelos troncos das árvores. "Nunca, até estes últimos dias, eu havia entendido o significado de 'existência'", ele confidencia.

377. SARTRE, J. P. *Nausea*. Nova York: New Directions, 2007.

Existência em toda a parte, infinitamente, em excesso, para sempre e em toda a parte; existência – que é limitada apenas pela própria existência... A qualquer momento, eu esperava ver os troncos das árvores murcharem como varinhas cansadas, enrugarem-se e caírem no chão, formando uma pilha preta, macia e dobrada. *Eles não queriam* existir, só que não podiam evitar. Então cuidavam silenciosamente de seus próprios assuntos; a seiva subia lentamente pela estrutura, meio relutante; e as raízes afundavam lentamente na terra[378].

A realidade é surpreendente e perturbadoramente gratuita.

Maravilha e preocupação, ansiedade e espanto: foram esses sentimentos que me levaram à filosofia, voltada menos para os troncos das árvores do que para a totalidade da existência. "Por que existe algo em vez de nada?" perguntou o polímata Gottfried Wilhelm Leibniz no início do século XVIII[379]. O filósofo norte-americano Sidney Morgenbesser pode ter tido a melhor resposta: "Se não houvesse nada, ainda assim você reclamaria!"[380] É uma pergunta impossível, mas isso não nos impede de fazê-la[381].

---

378. *Ibid.*, p. 127, 133.

379. LEIBNIZ, G. W. Principles of nature and of grace, based on reason: 1714. *In*: ARIEW, R.; GARBER, D. *GW Leibniz Philosophical Essays*. Indianápolis: Hackett Publishing, 1989, p. 206-212, esp. p. 210.

380. Cf. MARTIN, R. M. *There are two errors in the title of this book:* a sourcebook of philosophical puzzles, problems, and paradoxes. Peterborough: Broadview Press, 2012, p. 29.

381. Para uma exploração divertida das tentativas de resposta, cf. HOLT, J. *Why does the world exist?:* An existential detective story. Nova York: Liveright Publishing, 2012.

A questão do absurdismo não é uma questão de explicação, mas de significado. No entanto, surge da mesma perspectiva: aquela em que meditamos sobre o universo e sobre o lugar da humanidade nele; o curso da história humana, pouco mais do que um piscar de olhos cósmico. O absurdismo da vida se tornou um clichê. Imagine a Terra filmada do espaço, nossa bola de gude azul girando na escuridão, imagine como a imagem recua para mostrar o Sistema Solar, a Terra encolhendo à distância, depois nossa galáxia de cem bilhões de estrelas, a maior parte dela espaço vazio, uma entre bilhões no universo, expandindo-se ao longo de bilhões de anos. Como parecemos minúsculos e insignificantes no vasto e insondável alcance do espaço e do tempo! É absurdo que nos levemos tão a sério. Quem já não sentiu o absurdismo das coisas?

Devemos lidar com essas emoções. A sensação de absurdismo é inquietante por si só, mas fala sobre o lugar de outras dificuldades na vida humana. Explorar o absurdismo nos leva de volta ao amor e à perda, à narrativa e ao não ideal, ao reconhecimento e à atenção. Encontraremos o caminho por meio do absurdismo olhando para o vazio, refletindo sobre a perspectiva da extinção humana. Enfrentaremos a injustiça do mundo e, em meio ao absurdismo, descobriremos o sentido da vida. Dizer que a vida tem sentido pressupõe dizer que não é absurda. Precisamos perguntar o que isso pode significar.

O FATO DE OS FILÓSOFOS PONDERAREM sobre o sentido da vida é tão clichê quanto o absurdismo da vida. Quando eu me arrisco a admitir para um estranho que ensino filosofia como profissão, às vezes me fazem a pergunta derradeira: "Diga-me, o que tudo isso significa?" Eu tenho uma resposta automática: "Descobrimos isso na década de 1950, mas temos que manter em segredo ou ficaremos sem emprego; eu poderia te contar, mas então teria que te matar". Na verdade, os filósofos acadêmicos raramente consideram a questão e, quando o fazem, muitas vezes, consideram-na absurda.

Não há dúvida de que a questão é sombria. "Qual é o sentido da vida?" perguntamos e nos questionamos sobre o que perguntamos. Essa questão é reiteradamente negligenciada e pode ser dissimulada por meio de substituições bem-intencionadas. Dessa forma, os filósofos perguntam o que é necessário para alguém viver uma "vida significativa". Esse é o tema de *Meaning in life and why it matters* [Significado na vida e por que ela é importante], um livro acessível e esclarecedor da filósofa Susan Wolf. Ela é representativa tanto na mudança da questão – do sentido da vida como um todo para vidas individuais – quanto no esboço de sua resposta. De acordo com Wolf, viver uma vida significativa pressupõe se envolver, de forma mais ou menos feliz e bem-sucedida, em atividades que importam[382]. Isso pode envolver se relacionar com outras pessoas, cuidar daqueles que você ama; pode ser a busca pela justiça; poderia ser arte, ciência ou filosofia, trabalho produtivo ou lazer prazeroso.

A ameaça filosófica aqui vem do niilismo: a ideia de que nada importa. Em seu livro *Confession* [Confissão], o romancis-

---

382. WOLF, S. *Meaning in life and why it matters.* Princeton: Princeton University Press, 2012.

ta Liev Tolstói conferiu uma expressão elegante a essa ameaça, descrevendo uma crise existencial. "Minha vida parou", escreveu ele. "Eu podia respirar, comer, beber e dormir e não conseguia evitar respirar, comer, beber e dormir, mas não havia vida em mim, porque não tinha desejos cuja gratificação eu consideraria razoável realizar"[383]. O niilismo é uma forma de ceticismo filosófico e, tal como o cético que conhecemos no capítulo anterior, que negou que outras pessoas sejam importantes, o niilista não pode ser refutado de acordo com seus próprios termos. Você não pode mostrar que algo importa se não presumir que algo importa. Se você tentar discutir com um niilista, você vai perder. Como antes, isso não significa que o niilista ou o cético estejam certos ou que não saibamos que estão errados. Significa que o que ilumina o nosso mundo com valor, em primeiro lugar, não é um argumento, e sim atenção.

De qualquer forma, o que devemos notar é que a questão do sentido da vida é diferente da questão de como viver uma vida significativa. Para Wolf, assim como para seus companheiros de viagem, a vida de algumas pessoas é significativa; enquanto a vida de outras, não. O significado que lhe interessa é uma posse pessoal.

Gerrard Winstanley viveu uma vida significativa, assim como Iris Murdoch e Bill Veeck. Bartleby, o escrivão, não. No entanto, quando perguntamos se a vida como um todo tem sentido, não perguntamos por algo que varia de vida para vida. A

---

383. TOLSTÓI, L. A confession. *A confession and other religious writings.* Londres: Penguin, 1987, p. 17-80, esp. p. 30.

questão do absurdismo tem uma resposta para todos, ou não tem resposta nenhuma. Qual é o sentido da vida humana como tal?

É esta questão que os filósofos tendem a rejeitar, considerando-a absurda. O ponto crítico é o "sentido". O que diabos essa palavra significa em "o sentido da vida"? Falamos do significado das palavras ou do significado linguístico, do significado de um enunciado ou da escrita de um livro. Quando perguntamos pelo sentido da vida, estamos perguntando se a vida tem significado nesse sentido? A vida humana poderia ser uma sentença em alguma linguagem cósmica? Eu suponho que sim. Poderia haver seres alienígenas que se comunicassem por meio das atividades das espécies ao longo dos séculos, para quem as revoluções são vírgulas e os trechos de progresso ou regresso constituem palavras. Eles poderiam encontrar um texto escrito por acaso na história humana, como o texto de *Hamlet* martelado por macacos em máquinas de escrever. Isso seria um fato surpreendente. Eu ficaria curioso para saber o que dizemos, mas não é o significado que procuramos. Ser tinta involuntária em alguma escrita alienígena apenas confirmaria nosso absurdismo. Pode nos dizer o que a vida humana significa para os alienígenas, mas não o que significa para nós.

Talvez não devêssemos ficar presos ao "significado". E quanto ao objetivo ou propósito da vida? A humanidade poderia desempenhar um papel, ou ter uma função, em um sistema maior. Em *The hitchhiker's guide to the galaxy* [O guia do mochileiro das galáxias] de Douglas Adams, a Terra faz parte de um computador galático projetado, ironicamente, para encontrar a

Questão fundamental da vida, do universo e de tudo (notoriamente, a resposta é "42")[384]. Mas, se fôssemos engrenagens de uma máquina cósmica, descobrir a nossa função não nos diria qual é o sentido da vida. Isso deixaria nossas doenças existenciais intocadas. O filósofo Thomas Nagel elabora uma versão terrível deste ponto:

> Se soubéssemos que fomos criados para fornecer alimento a outras criaturas que gostam de carne humana, que planejavam nos transformar em costeletas antes de ficarmos pegajosos demais, mesmo que soubéssemos que a raça humana foi desenvolvida por criadores de animais precisamente para esse fim, isso ainda não daria sentido às nossas vidas[385].

Você pode pensar que o problema está na função. "É certo que a forma habitual de serviço a um ser superior é diferente desta", admite Nagel. "Deve-se contemplar a e participar da glória de Deus, por exemplo, de uma forma que as galinhas não compartilhem da glória do *coq au vin*." É verdade. Ainda assim, não nos ajuda a entender nossa pergunta. A questão é que a função por si só não é suficiente para dar sentido à vida, não no sentido que nos interessa – o que significa "sentido" em "o sentido da vida" não significa uma função.

É aqui que os filósofos tendem a jogar a toalha. Lembre Wittgenstein em "o encantamento de nossa inteligência por

384. ADAMS, D. *The ultimate hitchhikers guide to the galaxy.* Nova York: Del Rey, 2002.

385. NAGEL, T. The absurd. *Journal of Philosophy,* v. 68, n. 20, p. 716-727, esp. p. 721, 1971.

meio da linguagem"[386]. Talvez tenhamos sido enfeitiçados pelas palavras e o problema do absurdismo desaparecerá quando percebermos que a questão do sentido da vida não tem sentido (ou será que isso pode piorar as coisas? O que poderia ser mais absurdo do que descobrir que a questão mais profunda não tem sentido?). Dessa vez, porém, não estou convencido. Não importa quão evasivo possa ser, a questão não desaparece, ela sussurra bem baixinho em nossas mentes. Qual é o sentido da vida? Chegaremos a algum lugar, finalmente, voltando ao início.

"Desde o início dos tempos", declara o inexperiente ensaísta, "a humanidade ponderou sobre o sentido da vida". A questão não surge em Platão ou Aristóteles, Sêneca ou Epiteto, Agostinho ou Tomás de Aquino, Descartes, Hume ou Kant. Eles perguntam o que significa viver uma boa vida humana, mas não perguntam qual é o sentido da vida.

A expressão "o sentido da vida" tem origem em 1834. Aparece na boca de um filósofo fictício, Diógenes Teufelsdröckh ("esterco do diabo nascido de Deus"), no romance paródico do escritor britânico Thomas Carlyle *Sartor resartus*[387]. De acordo com Teufelsdröckh, o mundo que sentimos é apenas a vestimenta exterior de Deus ou do Espírito:

> Dessa forma, neste sujeito grávido de ROUPAS, corretamente entendido, está incluído tudo o que os homens pensaram, sonharam, fizeram e foram: todo o universo

386. WITTGENSTEIN, L. *Philosophical Investigations*. Oxford: Blackwell, 1953, p. 47.

387. CARLYLE, T. *Sartor resartus*. Oxford: Oxford University Press, 1987, p. 140.

externo e o que ele contém nada mais é do que vestuário; e a essência de toda ciência reside na FILOSOFIA DAS ROUPAS[388].

É difícil saber como encarar a piada prolongada, que prepara o terreno para um sério desespero. Em um capítulo chamado *The everlasting no* [O eterno não], Teufelsdröckh lamenta seu isolamento do mundo ao seu redor: "Para mim, o universo era totalmente vazio de vida, de propósito, de volição, até mesmo de hostilidade: era uma máquina a vapor enorme, morta e imensurável girando, em sua indiferença morta, para me triturar membro por membro"[389]. É nesse estado de espírito que ele questiona o sentido da vida – e inventa uma frase.

Aqui, há duas pistas para nós. Primeiro, a questão do sentido da vida era mais ou menos invisível até o século XIX. Segundo, é uma pergunta que fazemos em momentos de vazio ou angústia, quando a vida parece sem sentido ou absurda. Fazemo-nos essa pergunta quando sofremos ou choramos sem consolo, quando estamos solitários e amargurados, quando a miséria e a injustiça nos dominam. A vida é profundamente falha. Existe algum significado para tudo isso? A questão é premente para nós, tal como foi para os primeiros existencialistas, como Søren Kierkegaard[390], atormentados pela angústia da existência humana, quando tememos que ela não signifique nada.

---

388. *Ibid.*, p. 57-58.
389. *Ibid.*, p. 127.
390. KIERKEGAARD, S. *Either/or*: a fragment of life. Londres: Penguin, 1992.

O que significa "sentido" em "o sentido da vida"? Quando procuramos o significado de uma obra de arte, de uma narrativa, de uma pintura ou de uma peça musical, não estamos interessados em seu significado linguístico – exceto no caso da narrativa verbal, pode não haver nenhum – nem em seu propósito ou sua função em um sistema. O que queremos é seu sentido. Queremos uma descrição do que ele faz e como – do que "trata" no sentido mais amplo, que nos diga qual deveria ser a nossa atitude com relação a ele. Procuramos verdades que nos digam como nos sentirmos (a resposta costuma ser complexa e multivalente). A interpretação aqui une atenção, explicação e afeto[391]. O mesmo acontece com o sentido da vida. A questão é como se sentir a respeito de tudo, de toda a existência e do lugar da humanidade dentro dela. O sentido da vida seria uma verdade sobre nós e sobre o mundo que respondesse a essa pergunta: uma verdade que nos dissesse o que sentir e por quê. É por isso que fazemos a pergunta quando a vida é difícil. Queremos nos reconciliar, de alguma forma, com a perda e o fracasso, com a injustiça e o sofrimento humano. Esperamos por uma verdade que alivie nosso desespero.

Essa interpretação ajuda a explicar o momento do questionamento, por que ela deveria se materializar no momento da história em que aconteceu. Antes do século XIX, a grande maioria das pessoas tomavam como certa uma cosmovisão religiosa

---

391. Esse modo de interpretação contrasta com a "hermenêutica da suspeita" ou "leitura sintomática", outrora dominante nos estudos literários. Cf. FELSKI, R. *The limits of critique*. Chicago: University of Chicago Press, 2015.

que estabelecia uma resposta. "A religião, seja ela qual for, é a reação total do homem à vida", escreveu o psicólogo William James no livro *The varieties of religious experience* [As variedades de experiências religiosas], publicado em 1902[392]. "Para chegar a essa reação, você deve ir além do primeiro plano da existência e alcançar aquela curiosa sensação de todo o cosmos residual como uma presença eterna, íntima ou estranha, terrível ou divertida, adorável ou odiosa, que, em certo grau, todos possuem." Quando alguém pratica uma religião, a reação total é positiva ou, se não for positiva, é reconciliada ou redimida. As religiões oferecem visões salvadoras de todo o cosmos residual. Se não proclamam o sentido da vida, oferecem a convicção de que existe um, por mais inescrutável que seja. Existe uma verdade que nos diz como nos sentirmos.

Albert Einstein foi mais longe, afirmou que qualquer resposta à pergunta "qual é o sentido da vida humana, ou da vida orgânica em geral?... implica uma religião"[393]. O problema, para mim, assim como para os existencialistas, é como sustentar o sentido da vida quando uma cosmovisão religiosa não é dada como certa. Se Deus está morto, a vida humana é absurda?

A PRIMEIRA COISA A DIZER é que nem todas as religiões apelam a Deus. Além das religiões monoteístas – judaísmo, cristianismo, islamismo –, existem religiões politeístas, como o hinduísmo, e religiões que não são teístas, como o budismo.

392. JAMES, W. *The varieties of religious experience.* Oxford: Oxford University Press, 2012, p. 35.

393. EINSTEIN, A. *The world as I see it.* Londres: Bodley Head, 1935, p. 1.

Não é fácil dizer o que essas religiões têm em comum, o que as torna religiões, unindo uma "reação total à vida" com credos e doutrinas, rituais e práticas. Contudo, um elemento constante de qualquer religião é a crença, ou fé, em algo que transcende o mundo comum – se não for Deus ou deuses, então algum tipo de metafísica, como na doutrina budista do vazio e na intrigante proposição de que o "eu" não existe.

A religião é, creio eu, essencialmente metafísica. Ela fornece uma imagem do mundo como um todo que orienta nossa reação total: como devemos nos sentir com relação à vida, ao universo e a tudo o mais. Isso pode envolver nossa relação com Deus ou não, mas sempre envolve uma metafísica da transcendência. Veja o budismo, por exemplo. O que distingue a meditação budista da atenção plena como método de controle do estresse é o objetivo de acabar com o sofrimento por meio da descoberta da verdade, em particular, a verdade de que você não existe. Se nem você nem aqueles que você ama são reais da maneira que você acreditava, a mortalidade e a perda são menos traumáticas (pelo menos, essa é a ideia. Para mim, nunca ficou claro por que descobrir essa "verdade" não é pelo menos tão traumático quanto ouvir que todos que você conhece, inclusive você, já estão mortos). Chegar a um acordo com a vida por meio da meditação para obter serenidade, ou por meio da psicoterapia, não é ser religioso ou conhecer o sentido da vida, uma vez que não é descobrir tal verdade.

Para muitas religiões, o sentido da vida aparece em uma teodiceia que justifica os caminhos de Deus para o homem. A

vida não é fácil, mas existe uma história a ser contada que, no fim das contas, confere-lhe propósito, talvez em alguma vida imortal após a morte. Se a história não nos for revelada, temos fé que ela existe para além da nossa compreensão. Dessa forma, o poeta Alexander Pope termina a primeira epístola do seu *Essay on man* [Ensaio sobre o homem], de 1734:

> Tudo que é Natureza é Arte que desconheces;
> Tudo que é Acaso é Direcionamento que não podes ver;
> Tudo que é Discordância é Harmonia não compreendida;
> Tudo que é Mal parcial é Bem universal.
> E, apesar do Orgulho, ao errar o despeito da Razão, uma verdade é clara: "tudo o que é está CERTO"[394].

As antíteses repetitivas de Pope nos ensinam que todo dano é secretamente benéfico, toda reclamação tem uma réplica, teodiceia como um relógio, o tique-taque do desígnio de Deus, invisível para nós, finalmente sublinhado pela insistência de "É, é".

Os filósofos modernos separaram o objetivo da teodiceia – mostrar que tudo o que é está certo – dos dogmas da religião tradicional[395]. Dessa forma, Leibniz argumentaria, com bases lógicas, que esse é o melhor de todos os mundos possíveis[396]. Jean-Jacques Rousseau atribuiria os males da vida humana às degradações da sociedade: eles estão ao nosso alcance para re-

---

394. POPE, A. *An essay on man.* Princeton: Princeton University Press, 2018, p. 26-27.

395. NEIMAN, S. *Evil in modern thought*: an alternative history of philosophy. Princeton: Princeton University Press, 2002.

396. LEIBNIZ, W. G. *Theodicy*: essays on the goodness of God, the freedom of man, and the origin of Evil. New Haven: Yale University Press, 1952.

solvê-los[397]. E, em 1837, Georg Wilhelm Friedrich Hegel escreveu que "o *insight* ao qual a filosofia deveria conduzir... é que o mundo real é como deveria ser"[398].

Se o sentido da vida puder sobreviver sem Deus e sem a religião tradicional, talvez haja esperança para ateus como eu. O que precisamos é de verdades, sobre o mundo e o lugar da humanidade nele, que nos digam como nos sentimos com relação a todo o cosmos residual e, de preferência, que nos ajudem a lidar com o sofrimento e a injustiça. Parece bom, exceto pelo fato de que o que essas verdades poderiam ser é um mistério. De acordo com William James, a transcendentalista da Nova Inglaterra Margaret Fuller disse a Thomas Carlyle, que cunhou "o sentido da vida": "Eu aceito o universo"[399]. Carlyle não ficou impressionado: O que mais você deveria fazer? A reação mais comum é a de ceticismo. Uma vez que deixemos a teodiceia de lado, como eu fiz no início deste livro, que verdades poderiam redimir o sofrimento que não merecemos ou reparar a injustiça generalizada no mundo? Como podemos aceitar o universo?

Pior ainda, por que deveríamos acreditar que existe alguma maneira de sentirmos, que a realidade dita a nossa reação total à vida? James é, mais uma vez, um porta-voz plausível:

397. Cf. NEIMAN, S. *Evil in modern thought*: an alternative history of philosophy. Princeton: Princeton University Press, 2002, p. 37, 49-53.

398. HEGEL, G. W. F. *Introduction to the philosophy of history:* with selections from the Philosophy of Right. Indianápolis: Hackett Publishing, 1988, p. 39.

399. JAMES, W. *The varieties of religious experience*: A study in human nature. Oxford: Oxford University Press, 2012, p. 39.

> É notório que os fatos são compatíveis com comentários emocionais opostos, uma vez que o mesmo fato inspirará sentimentos inteiramente diferentes em pessoas diferentes e em momentos diferentes na mesma pessoa; e não existe nenhuma ligação racionalmente dedutível entre qualquer fato exterior e os sentimentos que ele possa provocar[400].

Não é novidade que temperamentos diferentes respondem de maneiras diferentes à miséria e ao vício. O filósofo pré-socrático Demócrito achou a realidade tão absurda que não pôde deixar de rir; seu antecessor Heráclito chorou. Isso foi no século V a.C.

Talvez a resposta mais agradável à ameaça da indeterminação seja a de Frank Ramsey. Ele foi um prodígio que morreu de insuficiência hepática em 1930, aos 26 anos, tendo realizado um trabalho extraordinário em matemática, economia e filosofia[401]. Logo após fazer 22 anos, Ramsey foi convidado a falar sobre o significado disso tudo. "Pareço diferir de alguns dos meus amigos quanto a dar pouca importância ao tamanho físico"[402], disse ele.

> Não me sinto nem um pouco humilde diante da vastidão dos céus. As estrelas podem ser grandes, mas não podem pensar nem amar; e essas são qualidades que me

---

400. *Ibid.*, p. 120.

401. Ele é o tema de uma biografia maravilhosa de MISAK, C. *Frank Ramsey*: A sheer excess of powers. Oxford: Oxford University Press, 2020.

402. MELLOR, D. H. (ed.). *F. P. Ramsey*: Philosophical Papers. Cambridge: Cambridge University Press, 1990, p. 245-250.

impressionam muito mais do que seu tamanho. Não recebo nenhum crédito por pesar quase dezessete pedras.

[Humanidade] Acho interessante e, no geral, admirável. Acho, pelo menos agora, o mundo um lugar agradável e entusiasmante. Você pode achar isso deprimente. Eu lamento muito por você, e você me despreza. Mas eu tenho razão; você, não. Você só teria uma razão para me desprezar se seu sentimento correspondesse ao fato de uma maneira que o meu não. Mas nenhum dos dois pode corresponder ao fato. O fato não é em si bom ou ruim; só que isso me emociona, mas deprime você. Por outro lado, eu tenho pena de você com razão, porque é mais agradável ficar emocionado do que deprimido, e não apenas ser mais agradável, mas melhor para todas as atividades[403].

O melhor que podemos fazer, para Ramsey, é assumir uma atitude positiva por motivos pragmáticos: olhar sempre para o lado positivo da vida. Seria menos agradável, mas não menos correto, ver o mundo inteiro com consternação. Esse é o absurdismo da vida.

Embora o tom seja diferente, é o mesmo absurdismo que alimenta *O Mito de Sísifo*, em que o filósofo francês Albert Camus escreveu: "O homem fica cara a cara com o irracional. Ele sente dentro de si seu desejo de felicidade e de razão. O absurdismo nasce desse confronto entre a necessidade humana e o silêncio irracional do mundo"[404]. O absurdismo não é que o mundo imponha uma resposta negativa, que a verdade seja terrível, mas que a mais profunda das questões – "Qual é o sen-

---

403. *Ibid.*, p. 249-250.
404. CAMUS, A. *The myth of Sisyphus*. Nova York: Vintage, 1955, p. 28.

tido da vida?" – não receba resposta. Não há nenhuma maneira particular de nos sentirmos em relação ao mundo: no fim das contas, nossa reação total é arbitrária. Nós perguntamos; e o universo nos menospreza. Não há mais nada a dizer?

QUANTO AO ESPÍRITO DO ABSURDISMO, eu argumentarei que a questão do sentido da vida pode ser respondida considerando que a resposta pode ser sombria.

Em *Children of men* [Filhos da esperança], um romance de P. D. James adaptado para o cinema por Alfonso Cuarón, a humanidade se tornou estéril[405]. Nenhuma criança foi concebida há dezoito anos. Sem futuro, a sociedade estremece em direção ao colapso, mas James está menos interessado nos desafios práticos da geração final – quem cuidará dos idosos? O que acontece com a economia global quando não podemos investir ou contrair empréstimos no futuro? – que na sua vida espiritual. Como você se sentiria se soubesse que a humanidade seria extinta? No mundo do romance, o protagonista, Theo Faron, escreve que "aqueles que viveram deram lugar a um negativismo quase universal, o que os franceses chamaram de *ennui universel*".

> Caiu sobre nós como uma doença insidiosa; na verdade, era uma doença, com seus sintomas logo familiares de cansaço, depressão, mal-estar indefinido, uma prontidão para dar lugar a infecções menores, uma dor de cabeça perpétua e incapacitante. Eu lutei contra isso,

405. JAMES, P. D. *Children of men*. Nova York: Vintage, 1992. • FILHOS DA ESPERANÇA. Produção e direção de Alfonso Cuarón. Los Angeles: Universal Pictures, 2006.

assim como muitos outros... As armas com as quais eu luto são meus consolos: livros, música, comida, vinho, natureza... [Mas] sem a esperança da posteridade, para a nossa raça, se não para nós mesmos, sem a certeza de que estando mortos ainda vivos, todos os prazeres da mente e dos sentidos às vezes me parecem meramente defesas patéticas e desmoronadas, escoradas contra as nossas ruínas[405].

James foi precedido pelo ativista e escritor antiguerra Jonathan Schell em *The fate of the earth* [O destino da terra], uma obra influente de não ficção especulativa que surgiu em 1982. Embora seu tema final seja o apocalipse nuclear, Schell separa seus elementos: a morte prematura e dolorosa de milhões de pessoas e "o cancelamento de todas as gerações futuras de seres humanos"[406]. Como James, ele imagina o segundo sem o primeiro, por meio da esterilidade geral, e, como James, ele espera uma resposta sombria. Para aqueles que enfrentam a extinção, escreve ele, "a futilidade de todas as atividades do mundo comum – do casamento, da política, das artes, do aprendizado e, nesse caso, da guerra – se tornaria inexoravelmente evidente".

Trinta anos depois de Schell e vinte anos depois de James, o filósofo norte-americano Samuel Scheffler deu um uso filosófico ao cenário da infertilidade[407]. Assim como James e Schell, ele escreve:

---

406. SCHELL, J. *The fate of the Earth*. Nova York: Knopf, 1982, p. 115, 169.
407. SCHEFFLER, S. *Death and the afterlife*. Oxford: Oxford University Press, 2013.

> Acho plausível supor que tal mundo seria caracterizado pela apatia, pela anomia e pelo desespero generalizados; pela erosão das instituições sociais e da solidariedade social; pela deterioração do ambiente físico e por uma perda generalizada de convicção sobre o valor ou o objetivo de muitas atividades[408].

De formas que mal reconhecemos e raramente exploramos, o significado do que fazemos no dia a dia depende de uma fé implícita de que a humanidade sobreviverá a nós, pelo menos durante várias gerações. Depende, como diz Scheffler, da nossa crença em uma "vida após a morte coletiva"[409].

Quando você se imagina no cenário de infertilidade, como você reage? Com horror, tristeza, mal-estar? A agitação da vida diária perde o significado para você? O fato de nossas atividades estarem hipotecadas para o futuro pode ser óbvio quando seu resultado está muito distante – como quando contribuímos de forma incremental para uma cura para o câncer que pode não ser descoberta durante décadas –, mas o fenômeno é indiscutivelmente mais difundido. Pelo menos parte do sentido da arte e da ciência será perdida se não tiverem público dentro de cinquenta anos. Por que se preocupar em contribuir para tradições que estão fadadas à extinção? Se a humanidade for estéril, não haverá filhos para levar adiante a nossa herança coletiva. Mesmo os prazeres transitórios de ler ou ouvir música, de comer e beber podem ser enfadonhos, como acontece com Theo Faron, para

---

408. *Ibid.*, p. 40.
409. *Ibid.*, p. 64.

quem "atualmente o prazer é muito raro e, quando acontece, é indistinguível da dor"[410].

Deveríamos nos desesperar diante da extinção humana, como faz Faron? Deveríamos responder com equanimidade? Ou é tudo uma questão de temperamento, deprimente para alguns, talvez, mas anódino para outros? Existe alguma maneira como deveríamos nos sentir com relação a todo o cosmos residual em *Filhos da esperança*?

Eu acredito que sim. Nossas emoções aqui não são puramente subjetivas, assim como não o são no sofrimento ou no amor. Dessa forma, existem boas razões para resistir à resposta niilista de Faron. Por um lado, não está claro por que o valor de ler ou ouvir música, muito menos o de comer e beber – um valor que parece contido no momento do envolvimento – deve depender do que está por vir. Não é como curar o câncer em cem anos. Mesmo quando o mundo acaba, podemos nos agarrar ao consolo da arte e aos prazeres da carne.

Além disso, é uma questão de tempo. Por que o valor daquilo que fazemos deveria evaporar no calor da extinção iminente, quando sempre soubemos que os dias da humanidade estavam contados? Scheffler chama isso de "o problema de Alvy Singer", em homenagem ao menino de nove anos de *Annie hall* [Noivo neurótico, noiva nervosa] de Woody Allen, que não vê sentido

---

410. JAMES, P. D. *Children of men*. Nova York: Vintage, 1992, p. 9. Cf. SCHEFFLER, S. *Death and the afterlife*. Oxford: Oxford University Press, 2013, p. 43.

em fazer a lição de casa se um dia o universo acabará[411]. A postura de Alvy pode parecer ridícula, mas há um argumento por trás dela. Se o valor daquilo que fazemos depende do desenvolvimento das gerações subsequentes, então a geração final, sempre que vier, não fará nada de valor. Não pode prosperar. Então o mesmo se aplica à penúltima geração, pelo mesmo princípio, assim como à geração anterior. Os dominós da florescente cascata desde a extinção humana até o presente, deixando apenas detritos inúteis.

A menos que você esteja preparado para acreditar que nada do que fazemos tem importância, você não pode acreditar na geração final. Embora não possamos provar que existe valor no mundo, pelo menos não para satisfação do niilista, isso não significa que não seja verdade. Faron pode estar tão deprimido que não quer ouvir ópera, ler romances de P. G. Wodehouse ou jogar jogos de tabuleiro com amigos próximos, mas essas atividades ainda valem a pena. Seu valor não depende inteiramente da posteridade (por que deveria?). Acontece que o primeiro dominó não precisa cair. Até a última geração pode encontrar valor em suas vidas.

Não deveríamos, portanto, superestimar o impacto da extinção. No entanto, também não acho que devamos comemorar. Desde a década de 1990, um punhado de ambientalistas extremistas têm defendido a extinção humana voluntária: dei-

---

411. *Ibid.*, p. 62-64, 188-190. •NOIVO NEURÓTICO, NOIVA NERVOSA. Dirigido por Woody Allen. Los Angeles: United Artists, 1977.

xemos de nos reproduzir pelo bem do planeta[412]. Todavia, mesmo eles veem a nossa extinção como uma perda – um nobre sacrifício – e prefeririam um mundo em que conseguíssemos sobreviver em harmonia com a natureza. Eles simplesmente não acham que isso vá acontecer.

Tudo isso nos ajuda a resistir ao clichê do absurdismo. Aqui as notícias são perversamente boas. Uma vez que existem razões para responder ao fim da história humana de uma forma e não de outra, a nossa reação total não precisa ser arbitrária: algumas atitudes são mais racionais do que outras. Não deveríamos acolher com satisfação a extinção iminente, mas não devemos permitir que isso nos leve ao niilismo. A realidade pode ditar como devemos nos sentir com relação à existência como um todo. Em outras palavras, a vida poderia ter significado. No que diz respeito aos significados potenciais, os suscitados pela extinção, esses são tão desanimadores e negativos que dificilmente contam. Ainda assim, uma vez medida a nossa resposta ao cenário de infertilidade, podemos variar o hipotético, testando a nossa reação total, perguntando o que os fatos dizem que sintamos. Isso poderia significar apresentar argumentos como os que apresentei contra Theo Faron, mas é principalmente a descrição, não muito diferente da descrição de outras pessoas, que orienta a nossa vida moral.

---

412. WEISMAN, A. *The world without US.* Nova York: St. Martins Press, 2007, p. 241-244. Para que conste, eu sou cético com relação a essa visão: não há fundamento para a ética fora de nós, seja nas *Formas,* de Platão, ou na *Razão Pura,* de Kant. Uma ética baseada em nós está fadada a ser antropocêntrica. Para uma análise do que isso significa para a paternidade, cf. SETIYA, K. Creation: pro(-) and con. *The Hedgehog Review,* v. 23, n. 1, p. 103-108, 2021.

Por que sentir tristeza pela extinção iminente da humanidade? Em parte, porque valorizamos a história humana e seu sujeito, a humanidade e, ao valorizá-los, queremos que continuem. Os cientistas falam de "luto ecológico" enquanto aqueles que estão na linha de frente da crise climática veem o colapso dos ecossistemas e a morte de espécies ameaçadas[413]. Eles nunca mais voltarão. Assim como o luto pela simples perda de vidas, o luto ecológico tem a ver com a insubstituibilidade do que se perde; é uma expressão básica de amor. A humanidade também é louvável, apesar de toda sua fragilidade. O luto pela perspectiva da extinção humana é a forma reflexiva do luto ecológico. Se amamos a humanidade, desejaremos que ela sobreviva.

Entretanto, a mera sobrevivência não é suficiente. Nossas emoções deveriam estar menos focadas na preservação do que na mudança, pois temos questões inacabadas[414]. Pense na injustiça, contra a qual lutamos no capítulo 5. Acrescente a isso a nossa ignorância, o quanto ainda não sabemos sobre o universo, as questões ainda sem resposta da ciência pura e da filosofia. Adicione também a nossa criatividade inexplorada e a nossa capacidade inibida para o amor, incluindo o amor pelo mundo natural. Se a vida humana terminasse assim, seria – em um sentido que não é apenas metafórico – prematuro.

---

413. CUNSOLO, A.; ELLIS, N. R. Ecological grief as mental health response to climate change-related loss. *Nature Climate Change*, v. 8, n. 4, p. 275-281, 2018.

414. Para uma análise dessa ideia sobre a ética populacional, cf. BENNETT, J. On maximizing happiness. *In*: SIKORA, R. I.; BARRY, B. M. *Obligations to Future Generations*. Filadélfia: Temple University Press, 1978, p. 61-73.

Seria diferente se, ao longo das gerações, a humanidade trabalhasse para mitigar a injustiça, para proteger os vulneráveis e para responder às necessidades humanas. Imagine que alcançamos um tipo de sociedade inimaginável agora: que chegamos tão perto da justiça quanto a fragilidade humana permite. Não utopia, mas o melhor que podemos fazer. A esterilidade ainda pode nos afligir, como acontece em *Filhos da esperança*, mas responderíamos com imaginação, solidariedade e compaixão. Encontraríamos maneiras de cuidar uns dos outros, de compartilhar arte e amizade, o consolo e o companheirismo de assobiar no escuro. Encontraríamos nosso fim com graça.

Eu não estou dizendo que ficaria feliz com essa narrativa, mas acho que podemos aceitá-la. Se a humanidade fosse extinta dessa forma, eu aceitaria de bom grado. Afinal, como Alvy Singer sabia, estamos fadados a ser extintos em algum momento. A mudança não está nas circunstâncias externas, mas em nós: como respondemos coletivamente às adversidades que enfrentamos. O que seria terrível é que a história humana terminasse – uma história de preconceito, escravatura, misoginia, violência colonial, guerra, opressão e desigualdade, juntamente com progressos intermitentes – com todo o nosso potencial ainda longe de ser realizado. Não estou dizendo que o futuro possa redimir o passado, que, se tornássemos a sociedade mais justa, esse fato compensaria, de alguma forma, a injustiça que já cometemos. O passado não pode ser apagado, porém, por essa mesma razão, a única coisa a que podemos aspirar é consertar o futuro.

A justiça importa, portanto, não apenas por si mesma, mas também como um antídoto para o absurdismo. Outras coisas também importam: os relacionamentos e os passatempos, o trabalho e a diversão, que contribuem para vidas significativas. Mas a existência humana como um todo não teria sentido se as coisas boas nela contidas fossem distribuídas de maneiras perpetuamente injustas. Superar a injustiça implica forjar uma verdade que nos diga como nos sentirmos e, dessa forma, dar sentido à vida.

Em vista disso, os existencialistas estavam errados: a razão pode ditar uma reação total ao mundo e essa reação pode ser, se não exatamente uma afirmação, uma aceitação do universo e do lugar da vida humana dentro dele. Isso não precisa se basear em nada transcendente ou divino, na inexistência do eu ou na imortalidade da alma. A vida após a morte que ela exige é coletiva. O sentido da vida – a verdade que nos diz como nos sentirmos em relação a todo o cosmos residual – residiria no nosso progresso hesitante, talvez perpétuo, em direção à justiça neste mundo.

Essa visão está menos distante da religião do que parece. Costuma-se dizer que a crença religiosa tem origem no medo da morte, cujo propósito é nos consolar na nossa mortalidade, no entanto, essa visão é simplista. Como argumentou o teólogo pioneiro John Bowker, a injustiça onipresente no nosso mundo, onde os inocentes sofrem e os culpados são libertados, clama por uma solução metafísica[415]. É por isso que

415. BOWKER, J. *The meanings of death.* Cambridge: Cambridge University Press, 1991.

as religiões procuram justiça em um mundo além ou rejeitam o mundo que conhecemos como uma ilusão. Caso contrário, a verdade seria intolerável. O objetivo de ser imortal não é simplesmente enganar a morte, mas também abrir espaço para a justiça que nossa mortalidade frustra. Os virtuosos devem ser recompensados; os cruéis, condenados. Se isso não acontece neste mundo, deve acontecer em outro. A justiça vem em primeiro lugar – como acontece na minha explicação do sentido da vida.

Não acredito em outro mundo, nem em um que compense o nosso. Se devemos procurar um sentido, devemos encontrá-lo no curso da história, o arco do universo moral que se curva, ou não, em direção à justiça. Essa forma de compreender a história humana e sua relação com o futuro foram concebidas logo após o Iluminismo, mais ou menos, na mesma época em que "o sentido da vida". Para Hegel, a história é o processo inteligível do "espírito" que luta pela autoconsciência e pela liberdade humana[416]. Para Marx, em uma leitura padrão, é a sequência inexorável de sistemas econômicos pelos quais o comunismo primitivo dá lugar à agricultura, ao feudalismo, ao capitalismo e, finalmente, ao comunismo superior cuja bandeira diz: "De cada qual, segundo suas capacidades, a cada qual, segundo suas necessidades!"[417] O problema é que Hegel e Marx, tal como os

---

416. Cf. HEGEL, G. W. F. *Lectures on the philosophy of world history.* Cambridge: Cambridge University Press, 1975.

417. MARX, K. Critique of the gotha programme. *In:* MCLELLAN, D. *Karl Marx:* selected writings. Oxford: Oxford University Press, 2000, p. 610-616, esp. p. 615.

escatologistas religiosos, consideram a direção da história humana como predeterminada. Existe um estado final para o qual inevitavelmente estamos progredindo. Eu não acredito que isso seja verdade. O arco do universo moral depende do que fazemos e isso, por sua vez, depende de nós.

Eu não sou otimista por natureza. Quando olho para onde estamos indo, fico aterrorizado, principalmente por causa das mudanças climáticas. Não apenas porque está causando e precipitando cada vez mais danos extensos e injustos, mas também porque o progresso em todos os aspectos da injustiça – desigualdades social e econômica, violência e exclusão, a fragilidade da democracia – pode ir por água abaixo. Se as mudanças climáticas levarem à insegurança alimentar e hídrica generalizada, à migração em massa, aos conflitos e à guerra, podemos esquecer a igualdade e os direitos humanos.

O fato de as mudanças climáticas ameaçarem o sentido da vida não é mera retórica, é um fato evidente. A vida humana poderia ter um sentido. Seu sentido poderia ser mancar lenta, dolorosa e contingentemente em direção a uma justiça que repare, na medida do possível, as atrocidades do passado. Se a história humana tivesse esse formato, deveríamos aceitá-la e desempenhar o nosso papel. Em nosso pequeno canto do vasto e indiferente cosmos, teríamos construído um lar. Se, em vez disso, as mudanças climáticas levarem ao colapso social, esse significado se perderá, não por absurdismo, mas por vergonha.

Em seu ensaio "Sobre o conceito da história", o filósofo da Escola de Frankfurt Walter Benjamin – amigo e colega de

Adorno – recusou-se a retratar o passado em termos progressistas[418]. Parece o "anjo da história", escreveu ele, como uma "catástrofe única que continua a acumular destroços sobre destroços e a atirá-los diante de seus pés. O anjo gostaria de ficar, despertar os mortos e restaurar o que foi destruído". Contudo, na imagem profética de Benjamin, "está soprando uma tempestade que o impulsiona em direção ao futuro" e ele não pode parar para reparar os danos: "Essa tempestade é o que chamamos de 'progresso'"[419]. Cabe a nós interromper a tempestade, agarrando-nos ao presente para dar sentido ao passado. Em suas anotações para o ensaio sobre a história, Benjamin empregou outra analogia muito apropriada: a máquina a vapor. "Marx diz que as revoluções são a locomotiva da história mundial"[420], escreveu ele. "Mas talvez seja bem diferente. Talvez as revoluções sejam uma tentativa dos passageiros do trem – ou seja, da raça humana – de ativar o freio de emergência."

A nossa tarefa agora é puxar o travão de emergência para as mudanças climáticas – juntamente com a injustiça, nacional e global, de gênero e de raça, com a qual estão interligadas. Os nossos esforços moldarão os fatos que nos dizem como nos sentirmos. Enfrentaremos o desafio ou não. As coisas podem parecer ruins, mas lembre-se de como eram antes, quando en-

---

418. BENJAMIN, W. Theses on the philosophy of history. *In*: BENJAMIN, W. *Illuminations*: essays and reflections. Nova York: Schocken Books, 1969, p. 253-264.

419. *Ibid.*, p. 257-258.

420. *Apud* LOWY, M. *Fire alarm*: reading Walter Benjamin's "On the concept of history". Londres: Verso Books, 2016.

frentávamos o vácuo do absurdismo. A questão do sentido da vida é inteligível e a resposta cabe a nós.

Hoje, o futuro é incerto. Não podemos ter certeza e dificilmente podemos adivinhar como o arco da história se curvará. Portanto, não podemos dizer o que a vida humana significa, se é que significa alguma coisa. A questão que fica é o que sentir quando tanta coisa é desconhecida. Que reação total faz sentido quando o sentido da vida é incerto e está em risco? Deveríamos ser elevados pela esperança ou arrasados pelo desespero?

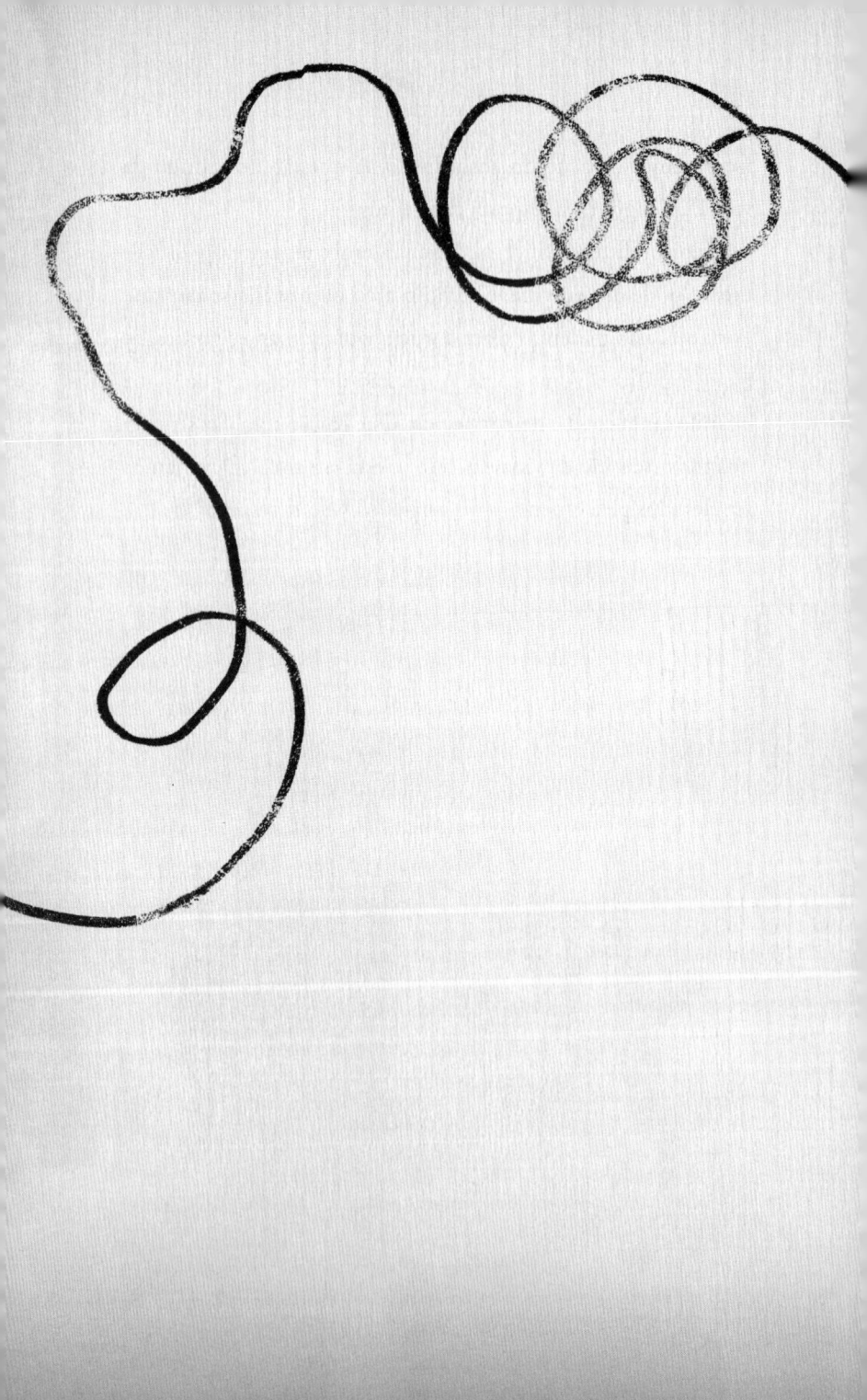

7

Esperança

Um dos meus heróis filosóficos é Diógenes, o Cínico, adversário de Platão na Grécia antiga. Diógenes era jocoso. Quando ouviu o relato de Platão sobre o homem como um bípede sem penas, Diógenes apareceu na porta da Academia brandindo uma galinha depenada e declarando: "Aqui está o homem de Platão!"[421] Para Diógenes, a filosofia era uma arte performática, algo a ser vivido, não apenas discutido. Diógenes tinha princípios. Desprezando os diálogos de Platão e considerando-os "uma perda de tempo"[422], ele mostrou sua fé na prática sobre a teoria e na virtude sobre a riqueza, vivendo em um jarro nas ruas de Atenas. Ele carregava uma lâmpada com a qual afirmava procurar, sem sucesso, um ser humano autêntico. Diógenes foi inspirador. Ele foi um revolucionário político, um "cidadão

421. LAERTIUS, D. *Lives of the eminent philosophers*. Oxford: Oxford University Press, 2018, p. 279.

422. HARD, R. *Diogenes the cynic*: sayings and anecdotes. Oxford: Oxford University Press, 2012, p. 32.

do mundo"[423] que sonhava com uma igualdade inimaginável em sua época. "Quando questionado sobre o que havia de mais precioso na vida, Diógenes disse: 'Esperança'"[424]. A ideia de que a esperança é fortalecedora, nobre e até mesmo audaciosa se tornou sabedoria convencional. Mas nem sempre foi assim. Para explicar por que a esperança merece um capítulo neste livro, uma entrada no catálogo das dificuldades humanas, precisamos voltar à Caixa de Pandora, na verdade, a outro recipiente, e ao poeta grego Hesíodo, 400 anos antes de Platão.

Contemporâneo dos escritos de Homero no século VIII a.C., Hesíodo conta a história de Prometeu, o mortal que roubou o fogo dos deuses, e como Zeus se vingou da humanidade. Zeus ordenou que Hefesto criasse uma bela mulher, animada por Atena e enviada à Terra por Hermes. Chamada de Pandora, ela carrega um jarro de "presentes": doenças, tristezas e todos os males da vida. Ao abrir o jarro para lançar essas pragas sobre a humanidade, Pandora fecha a tampa antes que a esperança possa escapar. Isso é retratado por alguns como um consolo divino, mas não passa de uma ilusão. O jarro traz maldições e a esperança é uma delas. Como explica Hesíodo: "O entorpecente / Que está ocioso e espera uma esperança vazia, / Reclama em sua alma, sem meios de subsistência. / Mas, como provedo-

423. LAERTIUS, D. *Op. cit.*, p. 288. Sobre a interpretação dessa fórmula, cf. MOLES, J. L. Cynic cosmopolitanism. *In*: BRANHAM, R. B.; GOULET-CAZÉ, M. O. (eds.). *The cynics*. Berkeley: University of California Press, 1996, p. 105-120.

424. HARD, R. *Diogenes the cynic*: sayings and anecdotes. Oxford: Oxford University Press, 2012, p. 68.

ra, a Esperança não é muito boa"[425]. Cruzamos os dedos na esperança de que tudo dê certo, em vez de tomar medidas árduas e incertas para que isso aconteça. Para Hesíodo, a esperança é um narcótico.

Embora pareça lançar a esperança como uma praga, o mito de Hesíodo se revela ser um equívoco. A questão é o que significa o fato de a esperança ser deixada para trás, aprisionada no recipiente. Foi a libertação que lançou as outras pragas sobre nós. Se a esperança permanecer confinada, isso não significaria que estamos livres de suas tentações? Ou é nossa maldição viver *sem* esperança – e, nesse caso, a esperança é algo bom, mas algo que não podemos ter? Então, por que estava no jarro de males de Pandora? A esperança parece impossível de se encontrar[426].

Até recentemente, eu não pensava muito na esperança e, quando comecei a pensar, fiquei desconfiado. Minha dor crônica veio para ficar. Esperar o contrário é ser desonesto. E, quando há algo a ser feito, o que importa é fazê-lo, não se o fazemos com esperança ou com resignação. A esperança não é importante para mim. Minha terapeuta discorda. Ela acredita que seu significado na minha vida se manifesta na minha resistência a isso. O problema é que eu tenho medo de ter esperança e o que eu preciso é coragem.

---

425. STALLINGS, A. E. (trad./ed.). *Hesiod, works and days*. Londres: Penguin, 2018, p. 21-22, linhas 498-501.

426. Sobre a indeterminação do mito, mesmo em recontagens posteriores, cf. PANOFSKY, D.; PANOFSKY, E. *Pandoras box*: the changing aspects of a mythical symbol. Princeton: Princeton University Press, 1962.

E não sou só eu. Para muitos, a esperança se transforma em ilusões. Ainda, quanto mais esperamos, mais arriscamos entrar em desespero. Por que nos submetemos a isso? Ao mesmo tempo, apegamo-nos à esperança, uma aparente fonte de luz em tempos sombrios.

Eu cheguei à conclusão de que nenhum de nós está errado. A esperança é, e deve ser, objeto de ambivalência. Aprisionada na Caixa de Pandora, a esperança é, ao mesmo tempo, inútil e essencial.

Afinal de contas, o que é "esperança"? Os filósofos dedicaram muitas linhas sobre isso nos últimos anos e, em meio à dissidência, emergiu um amplo consenso[427]. A esperança tem elementos tanto de desejo quanto de crença. Esperar por algo é, em parte, desejá-lo; em parte, vê-lo como possível, embora não inevitável. Você não pode esperar por aquilo que não deseja. Você também não espera o que está fora de questão ou o que você tem certeza de que acontecerá. Além do mais, esperar por algo pressupõe pensar que não depende inteiramente de você[428]. Não faz sentido esperar pelo que você pode simplesmente realizar. A esperança é uma concessão àquilo que você não pode controlar.

---

427. Ao descrever a natureza da esperança, recebi a ajuda de BOVENS, L. The value of hope. *Philosophy and Phenomenological Research*, v. 59, n. 3, p. 667-681, 1999. • BUSS, S. The irrationality of unhappiness and the paradox of despair. *Journal of Philosophy*, v. 101, n. 4, p. 167-196, 2004. • MC-GEER, V. The art of good hope. *The Annals of the American Academy of Political and Social Science*, v. 592, n. 1, p. 100-127, 2004. • MEIRAV, A. The nature of hope. *Ratio*, v. 22, n. 2, p. 216-233, 2009. • MARTIN, A. *How we hope*: a moral psychology. Princeton: Princeton University Press, 2013.

428. Um ponto enfatizado em: MCGEER, V. The art of good hope. *The Annals of the American Academy of Political and Social Science*, v. 592, n. 1, p. 100-127, esp. p. 103, 2004. •MEIRAV, A. The nature of hope. *Ratio*, v. 22, n. 2, p. 216-233, esp. p. 228-229, 2009.

Ambos os lados da esperança – desejar e acreditar – assumem formas substantivas. Dessa forma, a esperança é mais do que um desejo ocioso: envolve apego emocional. É por isso que Søren Kierkegaard falaria de "paixão" ao definir a esperança como "uma paixão pelo que é possível"[429]. Da mesma forma, não basta ter o que poderíamos chamar de "crença vã". Com isso, quero dizer que não é suficiente, no que diz respeito à esperança, que você considere algo possível: você tem que tratar essa possibilidade como "viva". Você não precisa ser otimista e as chances podem ser tão baixas quanto você quiser, mas você tem que levar a perspectiva a sério na prática: é o tipo de coisa que você pode planejar, mesmo que apenas como uma contingência (se você deseja que o exame de sangue esteja errado e sabe que isso é possível, em princípio, mas descarta essa possibilidade, a única coisa que espera é que o exame esteja bom). Quando você está apegado a uma possibilidade que descartou, sua atitude com relação a ela é de desespero. Quando o apego desaparece, você fica resignado.

É muito mais fácil dizer por que o desespero é ruim do que por que a esperança é boa. Ficamos desesperados quando as coisas não nos dão esperanças, mas permanecemos apegados a elas. "O relacionamento acabou, ela se foi para sempre", chora o amante abandonado. O paciente terminal chora: "Não há cura". O que eles sentem é tristeza ou algo parecido. A dor da paixão por uma possibilidade que morreu.

---

429. KIERKEGAARD, S. *Fear and trembling*: a dialectical lyric. University Park: Penn State University Press, 1939, p. 37.

Contudo, isso não significa que haja mérito na esperança. Às vezes, a impossibilidade é um fato. O Alzheimer da minha mãe não vai melhorar, só piorar, e seria tolice esperar o contrário, por mais que eu desejasse. Mesmo se a esperança for racional, qual é a vantagem disso? Eu penso nas eleições dos Estados Unidos em 2016 e 2020, quando acompanhei os resultados com uma esperança agonizante. Não havia nada a fazer, senão controlar minha ansiedade e implorar veementemente por um resultado melhor. Onde está o valor nisso? A esperança coexiste com a quietude. Se existe coragem na esperança, é a coragem de enfrentar o medo da decepção que a esperança cria. Quando as coisas vão mal, a esperança é mais angustiante que o desespero.

Portanto, Hesíodo tem razão. A esperança pode ser enganosa, dócil, assustadora. Por que celebrar seu papel na vida? Em um livro que escreveu após a invasão do Iraque, em 2003, a escritora e ativista Rebecca Solnit se levantou em defesa da esperança: "A esperança não é como um bilhete de loteria que você pode se sentar no sofá e se agarrar a ele, sentindo-se com sorte", escreveu ela. Em vez disso,

> a esperança deveria empurrá-lo para fora da porta, porque você precisará dar tudo de si para afastar o futuro da guerra sem fim, da aniquilação dos tesouros da terra e da opressão dos pobres e marginalizados. A esperança significa apenas que outro mundo pode ser possível, não prometido, não garantido. A esperança exige ação, e a ação é impossível sem esperança[430].

---

430. SOLNIT, R. *Hope in the dark*: untold histories, wild possibilities. Chicago: Haymarket Books, 2016, p. 4.

O problema é que a esperança pode ser como segurar um bilhete de loteria, e isso não precisa empurrá-lo porta afora: como eu sei muito bem, você pode ter esperança enquanto se deita no sofá e assiste ao noticiário. O apelo à ação vem de outro lugar.

Solnit pode estar certa ao dizer que a ação é impossível sem esperança: não se pode lutar por aquilo que nos interessa quando o sucesso não está garantido, sem esperar ter sucesso ou pelo menos fazer progressos. É aqui que começa o mito do valor da esperança. A esperança é uma pré-condição daquilo que importa: a busca por mudanças significativas. Todavia, isso não torna a esperança digna por si só. Consideremos Prometeu, forjando ferro nas chamas. Ele não podia fabricar arados ou espadas sem um calor intenso, mas a temperatura do metal, a fumaça e as faíscas são, na melhor das hipóteses, meios para atingir um fim. A esperança é como o ponto de fusão do ferro: a temperatura na qual ele pode ser forjado. A esperança é o ponto em que podemos ser levados a agir, mas não é a fonte de calor que nos leva a esse ponto, nem a força que nos faz avançar, o golpe de martelo com que moldamos o mundo. Como o ferro quente, a esperança é perigosa: pode nos machucar. E, por si só, a esperança não faz absolutamente nada.

Os ativistas que valorizam a esperança frequentemente reconhecem esses fatos. Dessa forma, Patrisse Cullors, uma das fundadoras do Black Lives Matter, é citada por Solnit em uma edição posterior de seu livro. A missão do Black Lives Matter, escreveu Cullors, é fornecer "esperança e inspiração para a ação coletiva, a fim de construir o poder coletivo para alcançar a transformação coletiva, enraizada na dor e na raiva, mas voltada para a visão e os sonhos"[431]. As forças motrizes aqui são a tristeza e a raiva, não a esperança. A esperança não nos inspira a agir: ela abre espaço para a tristeza e a raiva fazerem isso. O medo também pode ser uma força motivadora, tal como o é para aqueles que trabalham para combater as mudanças climáticas. "Eu não quero que vocês tenham esperança", disse a ativista Greta Thunberg em uma audiência no Fórum Econômico Mundial, em Davos. "Eu quero que vocês entrem em pânico"[432]. A esperança é consistente com a inação. É uma pré-condição de algo bom – de lutar, com incerteza, pelo que importa – mas não é bom em si.

Se você está tentando encontrar uma terapia para sua doença, para se adaptar à incapacidade, para lidar com a solidão ou escapar dela, para ter sucesso apesar das probabilidades ou para aprender com o fracasso, você está vivendo movido pela esperança. Dependendo do seu temperamento, você pode se sentir bem com isso ou, como eu, assolado pelo medo. Se a esperança o deixa ansioso, você precisará de coragem. Minha terapeuta estava certa: eu tenho que lutar contra o medo da esperança que me impede de correr riscos, mas a esperança em si é ociosa, um pré-requisito, não um objetivo.

EU DISSE QUE A ESPERANÇA é, e deveria ser, objeto de ambivalência, porém, até agora tenho sido bastante negativo. A esperança

431. *Apud*, SOLNIT, R. *Hope in the dark*: untold histories, wild possibilities. Chicago: Haymarket Books, 2016, p. XIV.

432. THUNBERG, G. Our house is on fire. *No one is too small to make a difference*. Londres: Penguin, 2019, p. 24.

não faz muito por nós: na melhor das hipóteses, está correlacionada com algo bom; e a correlação é imperfeita. Quando perdemos a esperança, desistimos de tentar, mas podemos ter esperança sem fazer nada. E é a ação, e não a esperança, que importa.

A razão pela qual eu sou ambivalente é que a esperança não é uma coisa. Além da atitude que se toma com relação a determinado resultado quando se espera por ele, existe a característica de ser esperançoso, de encontrar esperança onde a esperança deveria ser encontrada. Podemos tomar emprestado aqui o relato da esperança na *Summa theologiae* [Suma teológica], uma obra-prima de três mil páginas de teologia católica escrita por São Tomás de Aquino no fim do século XIII. Tomás de Aquino contrasta a esperança como uma "paixão irascível" – um desejo espirituoso por aquilo que não está garantido – com a virtude teológica da esperança cujo objeto é a vida eterna[433]. O que examinamos é a paixão: a fusão necessária do desejo e da crença para uma ação significativa. A esperança, nesse sentido, pode ser passiva, como atesta a etimologia do verbete "paixão". A virtude teológica é diferente: é uma propensão ativa da vontade por meio da qual a pessoa se apega à promessa de união com Deus, lutando contra as tentações do desespero. Embora eu não seja religioso – não acredito em Deus, na transcendência nem na imortalidade – acho que podemos discernir uma virtude em linhas paralelas.

Aquino se inspirou na teoria da virtude ética de Aristóteles, na qual uma virtude é um "meio-termo" entre vícios opostos.

---

433. AQUINO, T. *Summa Theologica,* IIa, Q. 40; a. 2, arg. 2.

Entre a imprudência e a covardia, está a coragem, por exemplo; e o homem generoso não é perdulário nem mesquinho. Cada virtude supervisiona uma ação ou emoção para a qual encontra um caminho intermediário. Os corajosos experimentam o medo "nos momentos certos, com referência aos objetos certos, às pessoas certas, com o motivo certo e da maneira certa"[434]. A generosidade é semelhante a dar e receber.

Embora Aristóteles não reconhecesse a esperança como uma virtude de caráter, sua teoria parece se encaixar nela[435]. Pode-se ser excessivamente esperançoso, inflando as probabilidades ou se recusando a desistir quando as possibilidades estão tão distantes que deveriam desaparecer. Ou pode-se estar muito desesperado, minimizando as chances ou descartando riscos que podem valer a pena assumir. A virtude está entre esses dois extremos. Ter boa esperança pressupõe ser realista com relação às probabilidades, não sucumbir a pensamentos positivos ou ser intimidado pelo medo, pressupõe manter as possibilidades abertas quando necessário. O objetivo de se apegar à possibilidade não é se sentir bem – a esperança pode ser mais dolorosa que o desespero – mas manter viva a centelha da ação potencial.

Não sei se foi isso que Diógenes achou valioso, mas é uma virtude que se encontra no livro de Solnit, cujo conteúdo não é uma teoria da esperança, mas uma história do passado recente, reunindo evidências de que a mudança é possível, desde o fim

---

434. BROWN, L. *Aristotle:* The Nicomachean ethics. Oxford: Oxford University Press, 2009, 1106b20-1106b23.

435. Cf. GRAVLEE, G. S. Aristotle on hope. *Journal of the History of Philosophy,* v. 38, n. 4, p. 461-477, 2000.

do *apartheid* na África do Sul até a queda do Muro de Berlim, da revolta zapatista no México à legalização do casamento entre pessoas do mesmo sexo – depois Occupy Wall Street, os movimentos Fossil Free e Black Lives Matter. Desafiando o "anjo da história" que examina "destroços sobre destroços", incapaz de agir, Solnit evoca "o Anjo da história alternativa", que nos diz "que nossos atos contam, que fazemos história o tempo todo, por causa do que não acontece tão bem em relação com aquilo que sim acontece. O Anjo da história diz: 'Terrível', mas esse anjo diz: 'Poderia ser pior'"[436]. A resistência não é inútil.

A virtude de esperar o melhor é uma questão de crença, de defender ou buscar a verdade, de buscar o que é possível. E é uma questão de vontade, de coragem para conceber alternativas, mesmo quando não está claro o que fazer. É assim que devemos enfrentar as dificuldades da vida, encontrando possibilidades onde é possível: a possibilidade de prosperar com a incapacidade ou a doença, de encontrar o caminho por meio da solidão, do fracasso, da dor. A questão, portanto, não é se devemos ter esperança, mas o que devemos esperar. Com base no espírito deste livro, a resposta não é uma vida ideal. O que precisamos é de reconhecimento e uma leitura atenta das vidas que levamos. Eu posso esperar ignorar minha dor ou tirar proveito dela, mesmo que não tenha esperança de uma cura. Posso esperar ver minha mãe novamente, segurar sua mão e caminhar com ela ao longo da costa onde o estuário reúne as marés e a

---

436. BENJAMIN, W. Theses on the philosophy of history. *Illuminations*: essays and reflections. Nova York: Schocken Books, 1969, p. 253-264, esp. p. 257. •SOLNIT, R. *Hope in the dark*: untold histories, wild possibilities. Chicago: Haymarket Books, 2016, p. 71-72.

grande ponte atravessa a foz do rio, curvando-se com a Terra. No entanto, sei que ela não vai se recuperar.

Existem limites para a esperança: a morte é um deles. Alguns sonham com a imortalidade fazendo *upload*, copiando o conteúdo de sua mente para uma máquina[437]. Contudo, como mostra um argumento simples, as máquinas estão fadadas ao fracasso, mesmo que algum dia tenham consciência[438]. Imagine que você fez *upload*, mas seu cérebro não foi apagado, seus "dados" ficaram preservados durante o processo de cópia. E suponha que a máquina seja colocada *on-line*. Existem dois sujeitos agora: você, como você era, e a máquina. Na melhor das hipóteses, é uma duplicata mental sua, não você. Então, o mesmo acontece se a máquina for ligada quando você morrer. Você não segue sua vida, é meramente copiado.

Não há como sobreviver à morte por meios naturais: é preciso algo transcendental, como a reencarnação ou a vontade de Deus. Se você não é religioso, não pode esperar viver para sempre. Nem pode esperar que seus entes queridos vivam para sempre. Ainda assim, faz sentido lamentar a morte deles: uma forma de desespero racional. Cada relacionamento é arquivado, cada habilidade é perdida, uma de cada vez ou todas de uma vez, mas finalmente e para sempre. No fim, pelo que parece, não há esperança: as luzes se apagam.

---

437. Para um excelente relato, cf. O'CONNELL, M. *To be a machine:* adventures among cyborgs, utopians, hackers, and the futurists solving the modest problem of death. Nova York: Anchor Books, 2017.

438. Este argumento se baseia em PARFIT, D. Branch-Line case. *Reasons e persons.* Oxford: Oxford University Press, 1984, parte 3, embora sua própria conclusão seja mais complexa.

Assim, fechamos os olhos ou olhamos para baixo! Olhe para cima e ao redor! Existem bilhões de seres humanos, e milhões nascem a cada ano. Parafraseando Franz Kafka, existe muita esperança – esperança sem fim – só que não para nós. Isso é muito sombrio[439]. Para quem somos nós? Não apenas os vivos, mas a humanidade. Existe esperança para a humanidade, tal como para nós. Mais uma vez, a questão não é se devemos ter esperança, mas para quê. Podemos esperar que a vida tenha sentido: uma marcha lenta e instável em direção a um futuro mais justo.

Nada pode corrigir os erros do passado, que permanecerão conosco para sempre, e a luta por um mundo melhor pode ser interminável. Ainda assim, existe esperança. Tomemos como exemplo as mudanças climáticas. O aquecimento global não pode ser evitado. Já é uma realidade e está piorando, porém, esse desastre ocorre, literalmente, aos poucos, e cada incremento faz a diferença. Quando não podemos esperar 2ºC, podemos esperar 2,5ºC; quando não podemos esperar isso, podemos esperar 3ºC. E, na esperança, é preciso agir juntos. Podemos esperar que a Terra esfrie com o tempo e com nossos esforços. A esperança nunca morre: "O pior não é / Contanto que possamos dizer 'Este é o pior'"[440].

Quando não sabemos o que devemos esperar, podemos esperar aprender. É difícil imaginar agora como construir uma verdadeira democracia ou o que contaria como uma reparação

439. Cf. BROD, M. *Franz Kafka*: a biography. Boston: Da Capo Press, 1960, p. 75: "Muita esperança – para Deus – sem fim de esperança – mas não para nós".
440. SHAKESPEARE, W. *King Lear*. Londres: Ardem, 1997, p. 305.

significativa do passado, mas existe espaço para o que o filósofo Jonathan Lear chama de "esperança radical" direcionada para uma bondade futura que transcende a capacidade atual de compreensão"[441]. Com Iris Murdoch, podemos esperar que novos conceitos "estendam... os limites da linguagem e lhe permitam iluminar regiões que antes eram escuras"[442].

Outros conceitos que deveríamos abandonar: o conceito da melhor vida como diretriz ou meta, de ser feliz como o bem humano, de interesse próprio separado do bem dos outros. A incapacidade não precisa piorar a vida e a dor não se perde em palavras. O amor não precisa ser conquistado – a dor não é um erro –, e moderar a dor não é traição. A vida não é uma narrativa "que cresce e se tensiona até o clímax", não se trata apenas de fazer as coisas[443]. A responsabilidade pela justiça não precisa repousar na culpa e, embora não possamos saber se fizemos o suficiente, isso não é motivo para não fazer nada. A vida humana não é inevitavelmente absurda, existe espaço para esperança.

Algumas dessas descobertas são modernas, algumas são novas. No entanto, algumas têm raízes mais antigas. Em 1991, o poeta irlandês Seamus Heaney escreveu *The cure at Troy* [A cura em Troia] adaptando uma peça do dramaturgo grego Sófocles encenada pela primeira vez em 409 a.C., na época do nascimen-

441. LEAR, J. *Radical hope*: ethics in the face of cultural devastation. Cambridge: Harvard University Press, 2006, p. 103.

442. MURDOCH, I. Vision and choice in morality. *In*: CONRADI, P. J. *Existentialists and mystics*: writings on philosophy and literature. Londres: Chatto & Windus, 1997, p. 76-98, esp. p. 90.

443. ALISON, J. *Meander, spiral, explode.* Nova York: Catapult, 2019, p. 6.

to de Diógenes. Os gregos sitiaram a cidade de Troia; Aquiles, o herói deles, está morto; e um vidente lhes diz que a guerra não pode ser vencida sem Filoctetes e seu arco. O problema é que Filoctetes foi abandonado por Odisseu no caminho para Troia, com o pé infeccionado e fedorento após ser picado por uma cobra. "Fui eu / Que o abandonei", admite Odisseu, "ele e seu pé canceroso / Ou o que era um pé antes de apodrecer / E se comer com úlceras"[444]. A única esperança é que Odisseu retorne à ilha deserta de Lemnos, onde Filoctetes o espera. Odisseu leva consigo Neoptólemo, filho enlutado de Aquiles. O plano é que Neoptólemo engane Filoctetes pintando Odisseu como seu inimigo comum, para levar Filoctetes de volta a Troia e vencer a guerra.

Inesperadamente, as coisas funcionam. Relutante em mentir, inicialmente, Neoptólemo segue em frente e conquista a confiança de Filoctetes. Contudo, fica envergonhado quando Filoctetes diz: "Imagine, filho, / A baía toda vazia. Todos os navios desapareceram. / Solidão absoluta. Nada ali, exceto / A batida das ondas e a batida da minha ferida aberta"[445]. Neoptólemo confessa tudo. Ainda assim, diz a Filoctetes que a profecia dos deuses deve ser cumprida. Filoctetes deve ir a Troia, onde Asclépio, o curador, curará sua ferida. "Então você deve pegar

444. HEANEY, S. *The cure at Troy*: a version of Sophocles Philoctetes. Londres: Faber & Faber, 1991, p. 3.

445. *Ibid.*, p. 18.

seu arco e ir comigo / Para a linha de frente e conquistar a cidade. // Tudo isso deve acontecer". E acontece[446].

A cura em Troia é uma peça sobre enfermidade, solidão, tristeza, fracasso, injustiça, absurdismo, esperança. É sobre a insensibilidade com que às vezes tratamos os doentes e os feridos, a solidão da dor, a resiliência da vida apesar do sofrimento. É sobre como o luto pode nos levar ao erro, às vicissitudes do fracasso e do sucesso, às tentações da injustiça e à perspectiva de reparação. É sobre o arco do universo moral e as maneiras pelas quais o mistério do mundo, sua imprevisibilidade – o capricho dos deuses – cria ou confunde o significado, como abre espaço para a esperança e para a ação. É um apelo à compaixão, à coragem e à justiça em um mundo injusto. Perto do fim da peça, o Coro implora a Filoctetes que vá para Troia e lute:

> A história diz: *Não existe esperança*
> *Deste lado da sepultura.*
> Mas, então, uma vez na vida
> A tão almejada onda
> Da justiça pode surgir,
> E esperança e história rimam[447].

O poeta sabe tão bem quanto nós que "esperança" e "história" não rimam. Entretanto, um dia, em alguma harmonia inimaginável, pode ser que sim.

---

446. *Ibid.*, p. 73.
447. *Ibid.*, p. 77.

Agradecimentos

Minha empresária, Allison Devereux, tornou este livro possível dizendo que eu não precisava escrevê-lo. Sou grato por sua paciência, tato e sabedoria editorial. Acima de tudo, sou grato por sua fé em mim como escritor. Obrigado, Allison.

Courtney Young, da Riverhead, foi uma editora criativa e perspicaz. Seu olhar infalível para a obscuridade e os pensamentos turvos me poupou de muitos erros. Chris Wellbelove achou o livro um lar perfeito com Helen Conford na Hutchinson Heinemann. Obrigado, Chris, e obrigado, Helen, por lerem com tanto cuidado, por tornarem minha prosa mais eloquente e um pouco menos crítica e por me dizerem o que não funcionou.

Vários amigos leram rascunhos escritos à mão deste livro, dentro do prazo, no verão de 2021. Obrigado a Matt Boyle e Dick Moran pelo envolvimento, pelo incentivo e pela crítica. Para mim, eles são dois arquétipos de integridade intelectual, e estou grato pelo seu apoio. Ian Blecher me enviou comentários detalhados sobre uma versão anterior do livro, inspirando inúmeras mudanças. Sei que não correspondi ao brilho de sua própria escrita, mas fiz o meu melhor. Obrigado a Sara Nichols pelos conselhos emergenciais no início do livro.

A Elle e a Marah devo mais do que posso dizer. Sua resiliência e seu companheirismo me mantêm são. Com ambas aprendi sobre amor e perda, justiça e fracasso. Elle é um farol de equilíbrio, integridade e força moral – mas eu a amaria mesmo que não fosse. A genialidade de Marah influenciou cada capítulo deste livro. Ninguém fez mais para moldar minha vida intelectual ou meu senso do que significa ser um escritor. Moldamos a vida um do outro, por dentro e por fora, durante 25 anos. Se vivemos tempos difíceis, eu tenho sorte de compartilhá-los com ela.

Índice

Conecte-se conosco:

f facebook.com/editoravozes

⊙ @editoravozes

𝕏 @editora_vozes

▶ youtube.com/editoravozes

☏ +55 24 2233-9033

www.vozes.com.br

Conheça nossas lojas:

www.livrariavozes.com.br

Belo Horizonte – Brasília – Campinas – Cuiabá – Curitiba
Fortaleza – Juiz de Fora – Petrópolis – Recife – São Paulo

 EDITORA VOZES

 — VOZES — NOBILIS

 Vozes de Bolso

 Vozes Acadêmica

EDITORA VOZES LTDA.
Rua Frei Luís, 100 – Centro – Cep 25689-900 – Petrópolis, RJ
Tel.: (24) 2233-9000 – E-mail: vendas@vozes.com.br